打造以学习为中心的新课堂

主　编◎ 郭湘辉
副主编◎ 郑建周　邓双丽
编　委◎ 姜　山　刘春江　毛凯琪　曹　佩
　　　　陈玲婕　姚锦秀　王丹奇　韩　丽

天津出版传媒集团

天津教育出版社
TIANJIN EDUCATION PRESS

U0732234

图书在版编目（CIP）数据

打造以学习为中心的新课堂/郭湘辉主编. -- 天津：
天津教育出版社, 2024.1
ISBN 978-7-5309-9050-6

Ⅰ.①打… Ⅱ.①郭… Ⅲ.①课堂教学—教学研究—
中小学 Ⅳ.①G632.421

中国国家版本馆 CIP 数据核字（2023）第 254866 号

打造以学习为中心的新课堂

DAZAO YI XUEXI WEI ZHONGXIN DE XINKETANG

出 版 人	黄 沛	
主 编	郭湘辉	
选题策划	吕 燊	
责任编辑	张 颖	
装帧设计	郝亚娟	

天津出版传媒集团

出版发行　天津教育出版社
　　　　　天津市和平区西康路 35 号　邮政编码　300051
　　　　　http://www.tjeph.com.cn

经 销	新华书店	
印 刷	天津融正印刷有限公司	
版 次	2024 年 1 月第 1 版	
印 次	2024 年 1 月第 1 次印刷	
规 格	16 开（710 毫米×960 毫米）	
字 数	200 千字	
印 张	12	

定 价　46.00 元

前　言

　　2023 年 5 月，教育部办公厅印发了《基础教育课程教学改革深化行动方案》，以此来贯彻党的教育方针，落实立德树人根本任务，通过育人方式的改革，促进学生核心素养发展，推动基础教育课程改革的持续深化。

　　课程改革能否取得成功，在很大程度上取决于课堂教学的变革。那么我们期待的新课堂应是何种模样？课堂的变革之路到底该走向何方？《义务教育课程方案和课程标准（2022 年版）》中提到"课程内容结构化"，强调学科知识结构化，提倡围绕学科的基本概念和基本原理来开展教学，从学生最近发展区出发，建立真实生活与学习活动之间的联系，改变以往教师单向传递知识的课堂模式，坚持以学习为中心，让学生在做中学、学中思，运用已有的知识经验不断去构建新的知识体系，促使学生自主发展，能够面向未来，最终顺利走向未来。

　　这就意味着教师既要注重继承我国教育发展的成功经验，又要充分借鉴国际先进教育理念，不断优化教学方式，实现课堂转型，推动育人方式的变革，以此回应新时代对教育的呼唤和需求。鉴于此，我们组织专家和一线名师编写了本书，从十个专题进行阐述，旨在改变教师的传统教学观念，帮助其理解并明白新课堂的意义和价值所在，尝试在"以学习为中心"的变革中，让学习成为课堂的中心，构建自主、合作、探究的学习型课堂，让学习在学生身上自主、真实、深刻地发生。这样的新课堂最终指向学生的核心素养，一切从学习出发，一切从学生发展出发，一切从学习效果出发，旨在培养学生的创新精神。在学习过程中，教师只是一个组织者和引导者，竭尽全力让学生懂得为什么学习，以及如何学习。

　　在以学习为中心的新课堂中，为了确保学习的真实发生，达成预期效果，教师需要预先确定课堂学习目标、把握学情动态、选择适合的方法，使学习最终指向学生的素养发展。通过多个名师团队的积极实践，我们形成的六种课堂形式可以根据学生实际需求灵活选用：（1）共学式课堂。通过教师与学生的共学、学生与学生的共学，不断调动和激发学生课堂生命热情，在"共享""共生"中实现"会学""慧学"。（2）问学式课堂。以"问"为起点，在教师的引导帮助下，学生通过质疑、探索、求解，循序渐进、主动学习，提升学习积极性。（3）支架式课堂。通过支架（教师的帮助），教师把组织学习的任务逐渐转移给学生，使其自主探索并解决问题；撤去支架之后，学生依然能够独立完成任务。（4）沉浸式课堂。通过多元的方式促使学生积极主动地、全身心地沉浸到课堂学习中，获得丰富的学习体验、感悟。（5）项目式课堂。学生在课堂中对学科或跨学科有关的驱动性问题进行持续深入的探索，调动所有知识、能力、品质创造性地解决问题，展示项目成果，逐步获得新知、迁移技能，形成关键品格，培育创新能力。（6）行走式课堂。教师引导学生走出教室，拓展学习场地、丰富教学资源，打破原本单一的教室学习固定样态。在具体操作过程中，评价成为课堂改革的有力抓手，强调"教学评"的一致性，加强"对学习的评价"，以此来提升学生的学习能力。

众所周知，信息时代下新技术、新知识层出不穷，要想帮助学生走向未来，最重要的是培养其学习能力和学习品质。因此，我们所打造的"以学习为中心"的新课堂，旨在成为学生成长的精神家园、突破时空的立体学习场、应用信息技术的实践场域以及学习要素高度互动的活动区域，不断激发学习者的潜能，让学生真正成为课堂的"主人"。在撰写过程中，我们参考了众多专家和名师的书籍以及案例，在这里表示诚挚的感谢。当然，我们的思考和研究还存在许多不足，如有不妥之处，还请广大读者多多见谅，并提出宝贵意见。

目 录

专题一　新时代的教育观念变革

　　"世界什么样?""我们怎么办?"新一轮科技革命和产业变革深入发展,人类生产、生活和思维以及交流方式均在发生巨大变化,新样态、新模式层出不穷,多样化、弹性化的学习需求日趋迫切,为教育变革与教育高质量发展提供了动力引擎,驱动人类社会思维方式的转变,为创新教育路径、推动变革发展提供了新的机遇。

专题二　以学习为中心的课堂变革

"以学习为中心"的新课堂是落实核心素养的重要载体，也是学生快乐学习的舞台。"以学习为中心"的新课堂是一种教学方式，旨在构建自主、合作、探究的学习型课堂。这样的新课堂重视、尊重学生的主体地位，激发学生的学习愿望，挖掘学生的学习潜能，提高学生的创新能力，培养学生的创新精神，最终提高学生自身素质。

专题三　以学习为中心的课堂准备

以学习为中心的课堂，要赋能学生的素养发展，因此坚持实践创新是必经之路，在实践创新中形成素养。为此，教师在以学习为中心的课堂准备中，需要依据学习内容确定学习目标，动态把握真实学情，选择尊重学习主体的方法，确保学生在灵活多样的教学活动中真正成为课堂的主人。

专题四　以学习为中心的共学式课堂：调动与激励

共学式课堂注重变革育人方式，突出实践，深化课程、生产劳动与社会实践的结合，立足情境，促进学习的真实发生，突出学科思想方法和探究方式的学习，倡导自主、共学、探究相结合的学习方式，重视知行合一、学思结合，充分发挥实践的独特育人功能，着力实现做中学、用中学、创中学。

专题五　以学习为中心的问学式课堂：碰撞与共鸣

问学式课堂就是以"问"为起点，在教师的引导帮助下，通过学生的质疑、探索、求解，促进学生循序渐进、主动学习的教学方式。问学课堂着眼于"学习"和"问题"，努力解决传统课堂教学过于关注学习结果而忽视学习过程、过于关注教师教而忽视学生学等问题，回归学习本质。

专题六　以学习为中心的支架式课堂：支持与提升

　　支架式教学注重培养学生的自主学习和合作探究的能力，强调学生的主动参与和建构知识的能力。这种教学将学生放在学习的中心，教师是提供支持和指导，给学生创造思考和实践的机会，引导学生自主探究和实践，发展学生学习能力，促进他们核心素养的提升。

专题七　以学习为中心的沉浸式课堂：体验与感悟

沉浸式课堂是基于指向课堂素养培养的学科典型教学范式。在学生的学习活动中，它以学生为主体，以学习为中心，从本我的角度去剖析学习问题、培养思考能力、提高学习技能与兴趣，让学生在体验与感悟中更好地促进综合素养的形成，是构建高效的教学和学习效果的一种新教学范式。

专题八　以学习为中心的项目式课堂：探究与创新

项目式课堂是一种学生通过项目式学习的课堂。在课堂中，学生通过对学科或跨学科的驱动性问题进行持续深入的探索，在调动所有知识、能力、品质等创造性地解决问题、公开展示他们的项目成果的基础上，逐步习得知识、迁移技能，形成关键品格，发展高阶思维能力和核心素养。

专题九　以学习为中心的行走式课堂：延伸与发展

行走式课堂是基于新课程方案提出的五项基本原则，以实用主义教育为理论支持，旨在引导学生在行走学习中参与学科探究活动，加强知识学习与学生经验、现实生活、社会实践之间的联系，注重真实情境的创设，培养学生认识真实世界、解决真实问题的能力，是一种课堂教学新模式。

专题十　以学习为中心的课堂评价

以学习为中心的课堂评价，其评价标准的建立方式需要转变，评价的管理、选拔功能需要弱化，而导向、激励、诊断和教学的功能则需要凸显。打造以学习为中心的新课堂，务必将评价嵌入课堂学习之中，要把学生放置于课堂评价的主体位置，激发学习者成为自己学习的主人。

专题一
新时代的教育观念变革

　　"世界什么样?""我们怎么办?"新一轮科技革命和产业变革深入发展,人类生产、生活和思维以及交流方式均在发生巨大变化,新样态、新模式层出不穷,多样化、弹性化的学习需求日趋迫切,为教育变革与教育高质量发展提供了动力引擎,驱动人类社会思维方式的转变,为创新教育路径、推动变革发展提供了新的机遇。

教育何为，教育应该往何处去？每一次教育的变革，均影响着乃至改变着教育的方式。教师队伍是国家课程实施的主体，一方面要继承教育发展已有的成功经验，另一方面则要充分借鉴世界先进的教育理念，需要教师不断更新当下的教育观念，使之成为教育教学行动的先导，实现教育教学的课堂实践变革。用"昨天"的理念办"明天"的教育肯定是跟不上时代的节奏，教师只有立足"未来"的角度看教育，不断与时俱进，以此回应新时代对教育的呼唤和需求，才能积极创造出教育新乐章。

主题 1

适应新时代，转变学生观

学生观是教师教育工作的重要构成，是其对学生的基本认识和根本态度。"怎么看待学生，把学生看成什么样的人，对学生采取什么态度。"教师不同的学生观会直接影响教师教育手段的选择、课堂过程优化和管理成效的显现。可以说，课堂管理的关键在于教师，而教师的学生观直接影响着课堂管理质量。

跟传统学生观相比，新时代教师的学生观更加注重学生的生命特性、生活特性、发展特性和差异特性，善于从生命的角度动态来看待学生，认为学生是活在世界上独立的人，并且是未完成的个体；主张建立师生之间的平等关系，认同学生是文化的继承者，更是文化的传承者。在新一轮课程改革中，"一切为了每一位学生的发展"是新课改的最高宗旨和核心理念。

一、学生是生活世界中的人

多年来，学生被置于"书本世界"之中，学生的生活体验、成长经验和社会参与往往被忽略。很多时候，课堂成了教师的一言堂，出于责任将知识呈点状分散地"倾囊相授"，却没有顾及学生的真实生活，也没有联系学生的已有经验。因此，学生在经历长时间的学习之后，走出课堂，回归生活，会产生迷茫和困惑："我是谁？""我要干什么？""我又能干什么？"他们所学习的知识，所经历的成长，似乎与整个世界无法交融，面对现实问题更无法运用所学知识去面对和解决，从而导致了"学习无用论"。

这就需要我们教师重新定位"学生观"，客观地认识和理解学生：其一，学生是生活中的人；其二，学生是处在由各种复杂关系构成的"生活世界"中的人。坚持以核心素养为导向，强调学习回归学生生活，关联学生经验和社会需求，注重学习的实践性，把学生视为生活世界中的人，不断在知识结构化的建构中培养其解决生活中复杂问题的能力。

二、学生是动态发展中的人

学生作为一个生命个体，其身心发展是一个由低级到高级、简单到复杂、量变到质变的过程。教育家卢梭说过："大自然希望儿童在成人以前，就像儿童的样子。如果打乱这种次序，我们就会造就一些早熟的果实。他们长得既不丰满也不甜美，而且很快就会腐烂。"因此，教育应当按照学生身心发展的规律进行施教，做到循序渐进，避免揠苗助长，导致"教育成人化"。

学生的身心发展还存在不平衡性，体现为学生在同一方面的发展在不同的年龄阶段是不均衡的；或者不同方面所达到的某种发展水平或成熟时期也是不同的。即有的方面在较早的年龄阶段已经达到较高的发展水平，有的则要到较晚的年龄阶段才能达到较为成熟的水平。因此，教师看待学生不能以当下学生表现做出简单的"标签化"，而应该坚信学生一定是"成长的学生"，坚持可持续发展路线，不以埋头刷题来拼时间、拼身体，而是以学生的学习是否有长足兴趣、生活是否感受到幸福快乐、身心是否健康阳光等方面来作为高质量的重要表征，并不断给予信任和鼓励，发现和激发学生潜能，帮助学生在体验中形成能力，并给予学生耐心呵护、科学指引，帮助学生"开花结果"。

三、学生是有独特个性的人

学生并不是单纯的"学习者"，而是有着丰富个性、独立意义的完整的人，其精神意志独立于教师的头脑之外，不以教师的意志为转移。每个学生都有自己独特的特点，每个学生之间也存在个体差异。首先，从群体角度来看，男女性别之间就存在自然差异，性别不同则会产生其生理机能和社会地位、角色、交往群体的差别。其次，个别差异表现在身心的所有构成方面，其中有些是发展水平的差异，有些是心理特征表现方式上的差异，这就需要教师充分尊重每一个生命个体，深入了解每一个学生的具体情况，采用因材施教的方法调动其积极性、主动性，使每一个学生都能充分展示自己，在不同领域中不断成长，有所成就。

电影《来自星星的孩子》中，主人公是一个有着丰富想象力的小男孩，却患有阅读障碍症，每次考试成绩都不及格，一度成为大家眼中的"另类"，被人嘲笑。后来遇见了尝试去懂他、理解他、释放他天性的尼克老师，鼓励他参加学校的绘画比赛并荣获第一名，最终获得自信和成长。可见，只要教师给予足够的耐心和鼓励，在学生身上都能绽放奇迹。

当然，教师还应该把孩子看作孩子，不能以成人的视角、观念和经验来思考和评价学生的行为和想法，否则会扼杀学生的积极性，无法达成预期的教学效果。

四、学生是学习活动的主体

教师时常会忽视教育的初衷，把学生当作学习的机器，一厢情愿地认为"灌输式"的教育可代替学生完成一切，导致学生的学习完全处于被动状态，凡事都习惯听从教师的安排，缺乏一定的思考能力和创新能力。

新时代背景下，教育以培育有理想、有本领、有担当的全面发展的社会主义建设者和接班人为终极目标，强调学生才是学习活动的主体，强化学科内知识的整合，充分发挥实践的育人功能，倡导学生在"做中学""用中学""创中学"，让学生成为学习的主人，不断培养学生在真实情境中综合运用知识解决问题的能力。

在教学《认识年月日》一课中，一名教师摒弃知识性的阐述，采用问题情境驱动学生学习："妈妈答应小林生日那天送一本画册给他，小林非常期待。今天是3月21日，小林的生日是6月18日。算一算，小林还要过多少天才能过生日呢？"

学生通过直观的图表、补充古罗马人设置月份的相关知识，了解大月、小月及二月的特殊性，最后采用拳头记忆法（如图1-1所示）、制作日历等方式，让学生在实践中牢固掌握相关知识。

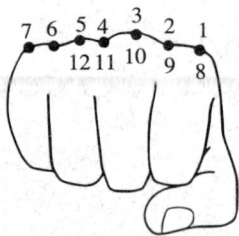

月份	1	2	3	4	5	6
天数	31	28	31	30	31	30
月份	7	8	9	10	11	12
天数	31	31	30	31	30	31

图1-1 大小月份拳头记忆法

教育是关系国家根基和未来的事，一切教育工作均为学生服务。新时代的教育要进一步明确"培养什么人、怎样培养人、为谁培养人"，这就要求教师眼中有学生，遵循教育教学规律，引导学生明确人生发展方向，成长为德智体美劳全面发展的、能担当中华民族伟大复兴大任的时代新人。

主题 2

践行新理念，转变教师观

当代中国著名教育理论家鲁洁在进入知命之年后，曾这样说："照亮他人，同时升华自己。"这是她对教师这一职业逐渐揣摩出来的一种新的体悟。的确，随着时代的发展，那种仅仅是把自己当作"蜡烛"，自我奉献、自我牺牲的人，是无法感受到"教师"职业的意义与幸福所在。要知道，教师这一职业最可贵、最特殊的就在于它是与被教育者之间的一种生命对话，教师用自己的生命与思想去教育、引导、照亮学生的同时，自己也被他们的生命所滋润，从而获得新的生命意义和更高价值。

一、教师是学生活动的设计者

教师要学会由学生学习的主导者转变为学习的设计者，根据学生的需求和兴趣，善于设计具有挑战性和吸引力的学习活动，组织学生在合作探究中不断自我发现和自主学习。授人以鱼不如授人以渔，教是为了不教，特别在信息高速发展的时代，知识的更新迭代速度加快，培养学生的学习习惯和学习能力成为教师在教学过程中应该承担的重要任务和目的。

在小学语文《手术台就是阵地》一课的教学中，围绕"为什么说手术台就是阵地"这一核心问题，由于教师的理念不同，教学设计的思路也就不同。

【教学设计一】

步骤一：引导学生借助环境描写的相关词句，感受当时情况的危险。

步骤二：再引导学生借助人物描写的相关词句，感受白求恩先生的忠于职守、勇于奉献的精神品质。

步骤三：共同交流对"手术台就是阵地"这句话的理解。

【教学设计二】

步骤一：创设单元活动情境，为"闪光人物"设计一张"人物名片"，让更多的人走近他、认识他、记住他。

步骤二：这是一篇略读课文，为什么说"手术台就是阵地"？小组合作，完成思维导图（如图1-2所示）。

步骤三：小组共同汇报，并完成"人物名片"。

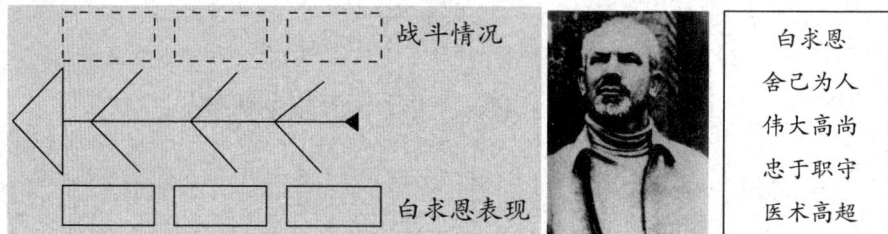

白求恩
舍己为人
伟大高尚
忠于职守
医术高超

图1-2 《手术台就是阵地》思维导图

从两种截然不同的课堂效果来看，第一种缺乏设计感，属于教师为主导的课堂，知识以点状方式进行讲授，基本采用"一问一答"的方式推进，课堂气氛沉闷，学生处于被动学习状态，参与度不高；第二种设计则通过单元统整，聚焦核心问题，促使学生全员参与，小组合作热情高涨，上台汇报有理有据，将品读"环境描写"与"人物描写"同步推进，更能够感受文本表达的效果，从而让"白求恩"这一人物形象不断在学生心中丰满起来。可见，教师对学习活动设计水平的高低，直接决定了学习活动产生的效果。

二、教师是学生学习的陪伴者

随着教学方式的改变，"教"和"学"的关系得以重建，它们"生"为一体，相互关联，不可分割，教师的身份也随之发生了改变，成了学生学习的陪伴者，与学生一起合作完成学习任务。没有教哪来的学，没有学就不存在教。同时，教与学之间相互支持和转化，教师不再是单向传递知识的人，而是引导学生主动探索和学习，以此来解决核心任务，达成学习目标。学生则在学习活动中主动参与，不断给予教师学习上的反馈，与教师的"教"形成一种动态的、互动的、生成的关系。

由于学生的生活经验与知识储备不足，教师要做到不愤不启，不悱不发。

在对《人为灾难和自然平衡》的学习中，为了引导学生探讨环境的可持续发展问题，在学生没有进展的情况下，教师给出了历史上两次大型的人为灾难事件——2009年墨西哥湾石油泄漏和2010年的日本核泄漏事故，这两份资料形成学习支架，很快帮助学生找到讨论的方向，最后得出相应的结论。

可见，教师作为学生学习的陪伴者，需要及时捕捉学生的需求和困惑，关键时刻能给予学生精准的帮助和个性化的指导，让学生在学习过程中不断发展技能、解决问题。同时，教师也需要具备学科的知识和技能，精通各种先进的学习方法，在不同学习情境下提供合适的支持。

三、教师是学生成长的引领者

学生的成长不仅是知识的增长，更是生命的成长。在学习活动中，教师可以与学生共享学习和生活的智慧，帮助学生找到适合自己的人生路径，培养他们独立思考和批判性思维的能力，知道"学习是什么""怎样学习"，最重要的是明白"为什么学习"，不断融入人文关怀，尊重个体差异，因材施教，引导学生形成积极的人生观和世界观。

一个学生把在校园里捡到的种子放在文具盒里，上课时不断打开文具盒偷偷玩弄，教师没有大声呵斥他，而是真正去了解其心中所想。当知道学生是打算带回家种在花盆里，看看是否真的会发芽时，教师给其提供塑料袋，让其带回家去尝试，既及时提高了学生上课的注意力，又呵护了学生的学习兴趣。教师还帮助学生找来相关资料，指导学生种植和观察。后来，这位学生长大后，成为一名非常了不起的园艺师。

爱因斯坦曾在纽约州立大学的演讲中说，教育就是把学校学到的很多东西全部忘光了之后留下来的东西。可见，育人更重要的是育心。当教师能够成为学生成长的引领者时，将对学生的一生带来巨大的影响。

四、教师是学习过程的研究者

美国学者奥尔森说，教师研究是使学校改革取得实效的最可靠的方法，是教育改革取得成效的最好道路。叶澜教授也说："新基础的教师，既是创造者，又是学习者；既是教育者，又是研究者；既改变旧的教育模式，也改变自己。"

教师的工作更加贴近一线教学的真实情境，能第一时间了解教学中的难点和困惑，学生所反馈的情况能为教师教学研究提供良好的条件。因此，教师完全有信心突破"教书匠"的标签，由教学的实践者转化为课程的研究者，做主动的教育教学反思者，以研究者的眼光审视和分析教学实践中的各种问题，依据最新教学理论对自身行为进行反思，不断调整和改变自己的教育行动，让课堂充满无限可能。

教师还可以成为课程的建设者和开发者，立足国家教材，结合学校实际情况，根据学生真实需求，通过思考和研究，开发有意义的校本课程。如教师将劳动与习作融合，开发了"我手写我心"习作课程；将古诗与诗人行走足迹相结合，开发了"地图里的古诗词"课程；还可以将科学融入学生真实生活，开发"生活中的科学"课程。如学生煮饺子时，发现熟的饺子会浮在水面，自然明白了这是因为热空气比冷空气轻；在装满水的气球上粘上胶带，然后扎破气球，水流就像被定住了一样朝一个方向喷出，这就是层流现象……这样的课程最能激发学生的学习热情。

当然，一个人可以走得很快，一群人却可以走得更远。教师要想不断发展自己，就要学会合作，与更多的教师形成"发展共同体"，在成就他人的同时也成就了自己。在发展共同体中，所有的教师都能从自己或者他人的课堂中找到自己的部分"影子"，在不断碰撞中形成更加科学的教师观，增强教师职业的乐趣和价值感、尊严感。

主题 3

勾勒新路径，转变教学观

教师是教育改革的主体，也是新课程理念的主要落实者，其教学观将直接影响课程实施的效果。陶行知先生曾说："好的先生不是教书，不是教学生，乃是教学生学。"这句话揭示了教学的本质，即教学的过程就是学习的过程，重点不是体现在"如何教"，而应是解决教师应如何教学生学习的过程。

当下新课程标准（2022 年版）的主旋律是培养学生的核心素养，让学生在解决复杂的、不确定问题的过程中形成综合品质。因此，教师的教学观必须跟上时代变革的召唤，扎实立足课堂，保证教育要素的完整性，即学习者、学习过程、学习情境的完整性。其中"学习者"最为重要，教师通过与学习者之间的信息与情感的双向互动，让学生形成一定的学习能力，并与人格成长同向发展。

一、让学生的学习真实发生

学生是学习的主体，学习是课堂的中心。教师在进行教学活动中，应以素养导向学习目标，致力于激发学生内在的学习动机，引导学生主动参与学习活动，并及时跟进持续性的学习评价，让学生亲身经历知识的发现、发生和发展的过程，形成丰富的内心体验和能力的迁移运用，以此体会学习的价值和意义，达到为理想和热爱而学习的境界。这就要求教师要为学生创设具有真实情境的实践活动，提供解决真实问题的机会，促使学习在学习者身上真实地发生。同时，教师又善于通过反思、诊断进行有效的教学改进，不断优化教学行为和教学过程，进而提升教学效果。

比如目前倡导的"单元整体教学"主张，教师以"专家思维"的方式进行学习活动设计（如图1-3所示），促使学生实现知识结构化。

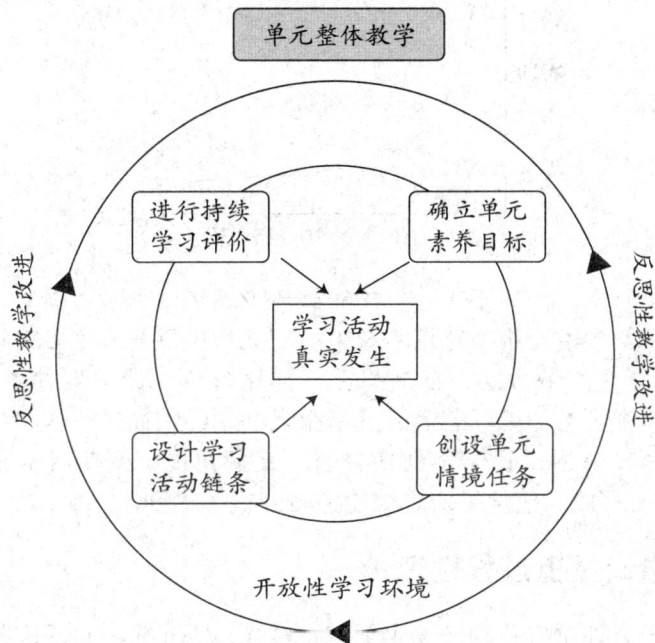

图1-3 单元整体教学思维图

二、重在培养学生学习能力

杜威说，教育即生长。学习从某种意义上来说就是一种建构活动，教师不仅需要将知识传授给学习者，同时还应该注重培养学生良好的学习习惯和学习能力，提炼学习方法，形成学习策略，并通过多种形式将经验迁移至学生生活中，逐步达成由"学会"走向"会学"的更高境界。学习能力包括感知观察能力、记忆能力、阅读能力、解决问题能力、创新能力等。

如在获取知识的过程中，教师指导学生将其关键信息以某种形式的视觉形象（如图像、图表、图形或思维导图等）呈现出来，进一步强化内容的记忆和理解，帮助学生在大脑中形成概念，使其变得深刻，且容易检索。这种方法可常用于阅读分析和复习积累。为了让学生保持一定的记忆能力，还可以引导学生尝试知识的组块复习。先让学生建立"学习日程表"，帮助学生将所学知识根据主题或者规律分类，然后每天对这些划分的知识小块进行检查。同时根据艾宾浩斯记忆曲线"先快后慢"的原则，建议学生学在第1天、第2天、第6天、1个月等时间里不断复盘。事实证明，到了相当长的时间后，就不会再遗忘了（如图1-4所示）。

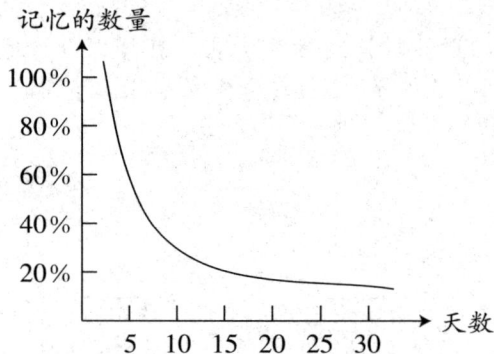

记忆的数量

图 1-4　艾宾浩斯记忆曲线

当然，训练学生的思维力比培养学生的记忆力更重要。很多教师注重"以教材为例"，引导学生归纳方法，推演思路，类比分析，让学生的思维得到锻炼，并运用于各种情况下的学习。著名的魏书生老师则经常通过写作来训练学生的思维力。如出示一个文题，让学生变换身份、变换角度、变换时空来写，实现从"之一"写到"一百"，使学生的思维能力得到很大提升。

三、重结论更重过程性评价

近年来，教育评价实践领域发生了范式转换，"对学习的评价"依然备受关注，但"为学习的评价"逐渐成为主流，这是一种支持学习的评价模型，体现着一种建设性的评价观，其主要目的是帮助学生自我发展，而不仅仅是看学习最终的结论。因此，对学习的关注已成为教育评价改革的一个大观念，教学、学习和评价三位一体的关系得以建立，评价被看成镶嵌于"教""学"过程之中的一个不可分割的部分，即注重过程中的表现。

在新课程标准"评价建议"中，提出"过程性评价"贯穿学习全过程。过程性评价重点考查学生在学习过程中表现出来的学习态度、参与程度和核心素养的水平。过程性评价有助于教与学的及时改进，教师可以充分利用评价过程和结果发现学生的特点和问题，提出有针对性的指导意见，引导学生开展自我评价和相互评价，促进学生反思学习过程，不断改进学习方法。组织学生互相评价时，教师还要对同伴评价进行再次评价，提出指导意见，引导学生内化评价标准，把握评价尺度，在评价中学会评价。

如在初中开展"平行四边形"教学时，教师针对单元整体学习目标，设计与之匹配的过程性评价表（如表1-1所示），以此来关注学生在学习过程中的表现和成果。

表1-1　过程性评价量表

学习目标	学习水平评价	核心素养
①学生能够抽象出平行四边形、菱形、正方形、梯形的概念以及它们之间的关系，绘制平行四边形家族谱系。	平行四边形家族谱系完整，有独特思考。☆☆☆	抽象能力
	平行四边形家族谱系大致完整，有思考。☆☆	
	平行四边形家族谱系不完整。☆	
②学生能够探索并证明平行四边形的性质定理，并类比探索矩形、菱形和正方形的性质定理，归纳出研究几何图形性质的方法。从而归纳出几何图形判定的思路，并完成矩形、菱形、正方形性质与判定研究报告。	研究报告内容完整、逻辑清楚，分析合理。☆☆☆	推理能力
	研究报告内容比较完整、分析合理。☆☆	
	研究报告内容不完整，分析不够合理。☆	
③复习并类比三角形研究过程，总结平行四边形的研究内容和方法，并迁移研究一般四边形。	研究必备要素清晰，逻辑清楚，有举例说明或证据阐述。☆☆☆	抽象能力
	研究必备要素清晰，逻辑清楚，有举例说明或证据阐述。☆☆	
	研究必备要素清晰，逻辑清楚，有举例说明或证据阐述。☆	
我获得了_____☆ 我的反思：		

其实，重过程和重结论并不冲突，因为过程是结论的前提。教育的影响是具有长时效的，重过程和重结论之间的权衡就是重长远和重眼前之间的考量。从长

远来看，过程扎实到位了，结果一定是好的。

四、从"关注知识"变为"关注人"

很多时候，我们会发现，走着走着，教育会让"人"消失不见。究其原因，就是"分数"禁锢了许多学生的思想，将学习目标定为考出高分、考取好学校、找到好工作，于是将更多的时间放在训练和刷题上，也就出现了孩子在写作中绞尽脑汁写出"过马路搀扶老人""雨伞倾斜打湿父亲半边衣裳"。试想，如果一个学生缺少对生命的认知和敬畏，没有想象的能力，不懂得与他人分享快乐，不能感受生活中的美好与幸福，能感受到作为一个人的意义吗？

教师首先要清楚课程的"教学"应该具有教育的全部内涵，指向的不能是单纯地让学生获取知识，而应该是学生生命整体的生成，让学生在学习活动中不断地体验生活、理解世界、理解人与人之间的关系，让人的生命意义显现出生动活泼的一面，从而帮助学生体验到生存的意义和幸福的快乐。这才是教育教学所应该追求的终极目标。正如雅斯贝尔斯所说："教育过程首先是一个精神成长过程，然后才成为科学获知过程的一部分。"蔡元培先生在《中国人的修养》一书中更是强调：决定孩子一生的不是学习成绩，而是健全的人格修养！因此，在教学过程中，教师要转变观念，用良好的师生关系促进教学质量的提高，激发学生对教师所教学科的情感。教师要学会给知识加温，让知识经过情感的温润，如涓涓溪水慢慢流入学生心中，唤醒学生对学习的喜爱，让知识深入人心。

教育最重要的意义就是引导人去成为"人"。但人不能仅靠自己成为人，而是需要不断接受外在教育的影响。同时，人最终又只能依靠自己成为人，毕竟教育在任何时候都不可能代替人去成为人。教育只能引导人的生成，引导人去追问自我，发现自我，实践自我，超越自我，教育、启发并赋予人生以意义。

主题 4

构建新格局，转变课程观

今日之世界，多元且复杂，竞争也变得日趋激烈。国与国的竞争，说到底是科技的竞争、人才的竞争，而人才的培养靠教育，教育的关键在于课程。随着"第四次工业革命"的到来，互联网技术经过多次迭代，中国已经走向了一个去中心化、分布式、网络化、虚拟与现实交融的"数字交往时代"。当人与人之间的交际工具发生巨大改变之后，人的思维方式也将随之改变。对于时代而言，最先改变的是学生。教师应该尊重这个时代学生的特征，更新课程观，探索新的符合时代的思维方式和行为习惯，让教师和学生不再是课程的简单执行者，而是课程的创生者，以此来优化学生的素养结构，改变未来世界的发展格局。

一、面向学生未来发展

21世纪所面临的教育背景是充满不确定性的世界，人类所面临的任务变得越来越复杂，常规的认知技能（最容易教授和测试的技能）很容易变成数字化、自动化和外包的技能，且记忆型的学习策略对学生的帮助逐渐变小，极大可能是将人工智能与人类的社交和情感技能、态度和价值观结合起来。1983年邓小平同志为北京景山学校题词"教育要面向现代化、面向世界、面向未来"，展现了其前瞻性战略思想，告诉我们教育要着眼长远，面向未来挑战，不断改革教育体制和结构。顾明远先生也提出未来教育并不是指若干年之后的教育，而是当下正在进行着的，为未来社会培养人才的教育。

为了学生能够更好地走向未来，挑战诸多的不可能，新的课程观越来越注重人性化，尊重每一位学生的人格尊严和个性差异，关注学生个性化、多样化的学习和发展需求，增强课程的适宜性，最终实现以素养为导向的育人方式；始终坚持德育为先，提升智育水平，加强体育美育，落实劳动教育，不断将课程关联生活，拓宽国际视野，跟上世界教育发展的潮流，让学生的学习跟上时代的步伐。

二、加强跨科学习实践

2021年联合国教科文组织发布的《一起重新构想我们的未来：为教育打造新的社会契约》指出：教育可以自然而然地实现知其然和知其所以然……基础知识和技能可以相互交织、相互补充。从学生的角度出发，我们可以发现新时代的今天是人与人高度合作的时期，学会团队协作交往成为人最基本的素养需求。2022年版的新课程方案也明确指出："设立跨学科主题学习活动，加强学科间相互关联，带动课程综合化实施，强化实践性要求。"可以说，跨学科主题学习是一种理智的、积极的动态机制，让学生既具备学科课程的系统知识，又能拥有综合应用多学科知识来解决复杂问题的机会，并让学生养成直面挑战的勇气与品格。

有一所学校围绕"如何把黑板擦干净"这一真实问题，设计了一次跨科学习实践活动，将劳动与数学计算、语言学习、品质培养、体育与音乐（韵律学习）等进行内容重构，在激发学生劳动参与兴趣与班级值日责任感的基础上，让学生以小组方式进行项目探究，如根据自己身高和力量共同商定擦黑板需要选择的工具：黑板刷、湿度适中的抹布、可调节长短的小拖把等；为了确保能够把黑板擦干净，还需要测算擦拭黑板的次数、擦拭时间长短等不断优化过程，让学生用思维导图、文字描述或者现场演示，形成最终的成果或者结论。教师巧妙地将其转化为"擦黑板"韵律歌，使学生感受到了劳动的快乐。

从实践中我们可以发现，跨科学习要求教师能站在整体育人的角度来思考本学科的育人价值、教学方式，并立足学科进行主动跨界，致力于破除分科课程给学生带来的视界窄化、思维僵化，引导学生运用多学科视角、思想和方法来观察、思考、分析、解决现实问题，让学生的学习真正发生，并使学生成为学习的主体。这是探索基础教育人才培养的一种积极而又稳妥的课程策略，是提升人才培养质量的重要举措。

三、注重学生创新发展

创新素养是 21 世纪国际核心素养、未来核心素养的重要组成，更是国家发展的重要战略之一，科技创新更是新时代人才培养的迫切需求。创新素养是以学科知识和观念为基础的高阶能力，其实质内涵是变换认识角度和发现远联系的创新认识方式。创新素养要以认知态度和社会责任为学生学习驱动，尊重学生身心发展规律，激发学生的好奇心、想象力和创新思维，鼓励学生勇于探索、大胆尝试、创造创新，在探究本源性问题和解决真实问题的学科能力活动过程中更加重视学生创新思维、创新意识和创新能力的培养，让学生不断展现创新的认识方式，进行创新表现。

如学习童话《蜘蛛开店》后，鼓励学生根据图示用自己的语言进行复述后，教师可以继续设问："你们认为蜘蛛还需要开店吗？如果继续开店，怎样才能成功？请你续编一个童话故事。"这个开放性的问题打开了学生的思维，答案多种多样。很多学生可能会选择让蜘蛛继续开店，并创意地从增加品种，满足各种各样的顾客；价格合理，按大小、品种定价；招聘蜘蛛员工、计件发放工资等多个角度尝试"成功开店"。当然，也有学生认为"人"要做自己擅长的事，因此蜘蛛还是在

"织网"上下功夫，可以创意编织篮球网、渔网、网兜、跳跳床等；还有的学生认为蜘蛛可以将"网"变得更加舒适，让更多小昆虫"上网"来聊天，打发其无聊的生活……创意层出不穷，学生续编的童话故事也就新鲜出炉了。

这样的学习活动要求教师在课程实施中摆脱应试教育下的标准答案，让学生把自由创造变成一种学习方式、生活方式。

四、着力发展核心素养

学生发展核心素养，主要指的是学生应具备的，能够适应终身发展和社会发展需要的必备品格和关键能力，是适应世界教育改革发展趋势、提升我国教育国际竞争力的迫切需要。核心素养可以说是我国党的教育方针的具体化，是连接宏观教育理念、培养目标与具体教育教学实践的中间环节。通过核心素养这一桥梁，党的教育方针将直接转化为教育教学实践可用的、教育工作者易于理解的具体要求，明确学生应具备的必备品格和关键能力，从中观层面深入回答"立什么德、树什么人"的根本问题，引领课程改革和育人模式变革，这也就意味着教师的教学实践要从学科意识、学科领地的局限上升到学科育人、课程育人的新高地，让课程呈现一种可持续性发展的状态。中国学生发展核心素养体系如图1-5所示。

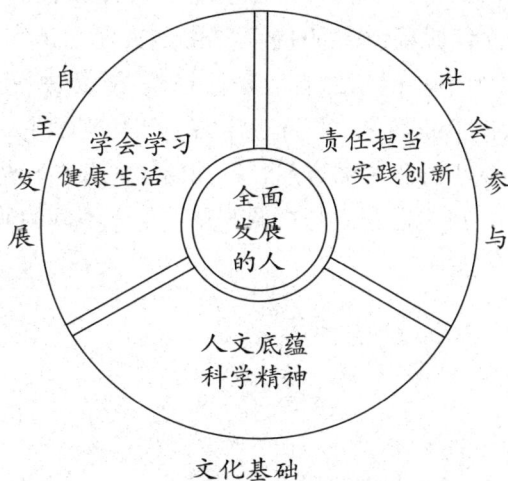

图1-5 中国学生发展核心素养体系

在英语教学"An old man tried to move the mountains"中，某中学英语老师围绕"Telling a story"（讲述故事）的活动主题，以"愚公移山"这个中国故事为开端，扩展到中国"孙悟空"的故事和外国的《皇帝的新装》，培养学生体会中外故事、戏剧等艺术形式的文化价值和提升作品赏析能力，理解与感受中西方优秀文化的差异和多样；在不同文化背景下获得文化的自信与包容，形成跨文化交际能力和传播中国优秀文化意识，最终落实英语课程的核心素养，如表1-2所示。

表1-2 "Telling a story"讲述故事课核心素养目标

语言能力	能听懂、读懂英文版的中国传统故事，并利用五指图、山形图等工具分析故事情节、评价故事内涵。
文化意识	能通过连环画、绘本、视频、戏剧等多样成果形式自由讲述（或演绎）中国传统故事，向世界传播中国传统文化。
思维品质	能用英文以故事语言来撰写逻辑清晰、衔接自然的中国传统故事。
学习能力	能搜索资源，丰富自己的英语学习内容，积极沟通表达，自信大方。

以素养为导向的学科学习，是学科本质的高度概括、学科内容的整合重组、教与学方式变革等方面的全新突破，真正实现了从知识教学走向素养教学，让教育能真正赋能学生的未来发展，为学生成长奠基。

2023年5月，教育部办公厅印发的《基础教育课程教学改革深化行动方案》，着力推动基础教育课程改革的持续深化。从理念到实践，从"课改"到"改课"，实现以学习为中心的新课堂应是何种模样？教师的变革该如何找准方向，将静止的书面知识不断活化、打开、丰富，转化为学生个体的内在素养，使学生感受并体验人类认识过程中的思想、行为精华，并在较短的时间内继承人类已有的历史文化成果，成为无数教师在课改路上矢志不渝的研究方向。

专题二
以学习为中心的课堂变革

  "以学习为中心"的新课堂是落实核心素养的重要载体，也是学生快乐学习的舞台。"以学习为中心"的新课堂是一种教学方式，旨在构建自主、合作、探究的学习型课堂。这样的新课堂重视、尊重学生的主体地位，激发学生的学习愿望，挖掘学生的学习潜能，提高学生的创新能力，培养学生的创新精神，最终提高学生自身素质。

党的十九大提出提高教育质量以来，我国的教育迎来了一个全新的时代。2019 年，中共中央、国务院《关于深化教育教学改革全面提高义务教育质量的意见》提出：强化课堂主阵地作用，切实提高课堂教学质量。这一理念的提出，其实是对时代发展的回应，对全球教学变革主流"以学为中心"的回应。为不折不扣地践行"强化课堂主阵地，切实提高教学质量"，我们需要紧扣两个关键词，即优化教学方式、加强课堂管理。其中优化教学方式是学校改革的核心，而打造"以学习为中心"的新课堂则是核心的核心。"以学习为中心"的新课堂是落实核心素养的重要载体，也是学生快乐学习的舞台。它是一种教学方式，旨在构建自主、合作、探究的学习型课堂。这样的新课堂重视、尊重学生的主体地位，激发学生的学习愿望，挖掘学生的学习潜能，提高学生的创新能力，培养学生的创新精神，最终提高学生自身素质。

主题 1

新课标理念下的新课堂

育人的根本在于立德，德是教育之基。立德树人是国之大计，党之大计。而课堂是就落实"立德树人"教育目标的主渠道、主阵地。《义务教育课程标准（2022 年版）》首先强调的就是育人目标。《义务教育课程方案（2022 年版）》中强调了三个原则，阐述中分别写道：

1. 全面落实有理想、有本领、有担当的时代新人培养要求，确立课程修订的根本遵循。

2. 进一步精选对学生终身发展有价值的课程内容，减负提质，细化育人目标。

3. 强化课程综合性和实践性，推动育人方式变革，着力发展学生核心素养。凸显学生主体地位，关注学生个性化、多样化的学习和发展需求，增强课程适宜性。

以上三点均指向了学习主体，均在强调尊重学习主体，因此新课标理念下的新课堂应该以学生的学习为中心，"以学习为中心"的新课堂从学生学习需求出发，以人为本，同时关注学生的学习发展，以未来的眼光对待今天学生的学习，最终指向学生的核心素养，指向社会对学生未来的关键能力、必备品格的需求。具体而言，"以学习为中心"的新课堂新三中心（学生的发展、学生的学习、学习的效果），相对于传统课堂的老三中心（以教材为中心、教师为中心、教室为中心）是有很大区别的，如图2-1所示（左边为老三中心，右边为新三中心）。

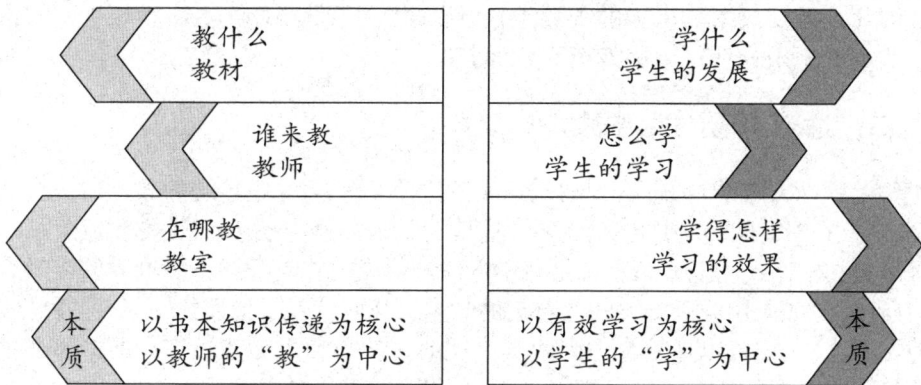

教什么 教材	学什么 学生的发展
谁来教 教师	怎么学 学生的学习
在哪教 教室	学得怎样 学习的效果
本质 以书本知识传递为核心 以教师的"教"为中心	以有效学习为核心 以学生的"学"为中心 本质

图2-1 新课堂与传统课堂"以学习为中心"的内涵对比

可见，传统的教学模式是"复制式"的，尤其突出教师中心论，教师决定着教学的内容、方法，控制着整个教学进程和节奏，学生是被管理的，需要服从教师的权威。传统的教学模式不重视直接经验获取，不重视学生的学习实践过程，认为学生对知识的思考和认识是可有可无的。而"以学习为中心"的新课堂，以学生为中心，教师关注学生的学习发展、学习方式、学习效果，研究和了解学生的需要，从学生的角度出发考虑问题，充分调动学生的积极性和主动性，从而提高学生的能力和素质，同时更加关注学生健康心理素质的培养。

一、回应新课标，关注学什么

爱因斯坦曾说过："教育不是要记住各种事实，而是要训练大脑如何思考。"义务教育课程要在立德树人中发挥着关键作用，要培养的是德智体美劳全面发展的社会主义建设者和接班人，有理想、有本领、有担当的建设者和接班人。而义务教育课程培养目标落实的主阵地就是课堂，简言之，学生正是通过在课堂上的学习，培养家国情怀；初步掌握适应现代化社会所需要的知识与技能；具有在真实情境中发现问题、提出问题、解决问题的能力；同时要有积极的心理品质，具有抗挫能力与自我保护能力；还要有健康的审美情趣和初步艺术鉴赏、表现能力；具有协同学习能力；初步具有国际视野和人类命运共同体意识。这些新型能力在知识本位的传统课堂上是培养不出来的，这意味着课堂教学范式需要改变，从以知识为核心的老三中心向以学生有效学习为核心的新三中心改变是必然的趋势。因此，新课标理念下以学习为中心的新课堂便应运而生，它注重培养学生的综合素质，强调学生的主体性，加强对学生自主学习能力的培养。

当然，以学习为中心，并不是完全要依着学生的兴趣，而是本着以学习为中心这一理念去调查、了解我们社会对学生发展所需要的知识和技能。因为，学生暂时是社会知识和科学知识上的幼稚者，现在的兴趣并不能印证是对未来有用的，因此，需要根据其未来的需要来指导其学习，要尝试通过对学习意义的告知和一些寓教于乐的活动来激发个人的兴趣。

二、适应新要求，探索怎么学

学习目标决定学习方式。未来学生需要的各项能力注定传统的教学方式要适时改变，打造"以学习为中心"的新课堂其实不是一种方法，而是教育理念的与时俱进，是教学范式的全面革新，是科学方法论的应用和实践。正如世界著名教育家杜威所言："如果用昨天的方式教今天的学生，我们就毁了他们的明天。"皮亚杰也曾质疑道："我们可以把教育分为两类：被动式教育和主动式教育，前者主要是依靠记忆，后者则运用智力去理解与发现。若此，真正的问题是，教育的目的是什么？我们要把学生培养成只能学习已有知识的人，还是培养成具有创新能力、终生都能发现发明、真正有脑子的人？"

学生学习方式之所以有可能改变，需要教师的觉醒。以往的课堂，学什么教师定，怎么学跟着教师走，如果教师不觉悟，教学方式不改变，那打造"以学习为中心"的新课堂将成为天方夜谭。因此，打造新课堂，教师"教"的方式必须首先改变。在"以学习为中心"的理念里，教师必须"让学"。

王尚文老先生认为，"让学"可分为"让热爱"和"让实践"。如在语文学科里，"让热爱"，就是教师在"以学习为中心"的理念指引下，想办法让学生爱上祖国语言文字，觉得语文可爱至极，对学习祖国语言文字特别感兴趣。"让实践"，则要求让学生亲历听、说、读、写的实践，在具体的情境中运用语言文字，培养语文能力，提高语文核心素养。在"以学习为中心"的理念里，师生是并肩前进的学习者，这与《礼记》倡导的"教学相长也"的理念是不谋而合的。因此教师要坚持教学相长，注重启发式、互动式、探究式教学。如教师课前需要指导学生做好预习，课上要讲清重点难点、知识体系，引导学生主动思考、积极提问、自主探究。同时可融合多种教学方法和手段，如小组讨论、课堂互动、多媒体教学等，以提高教学效果和趣味性，培养学生的创新思维和实践能力，鼓励学生在实践中探索和创新。在形式上可以融合运用传统与现代技术手段，重视情境教学；探索基于学科的课程综合化教学，开展研究型、项目化、合作式学习。精准分析学情，重视学生的个性差异和发展，注重个性化教育，以探究式学习为主，鼓励学生进行自主探究和实践。

以上是教师"教"的方式改变,这是对学生的"学习"方式革新的最好回应,也是学生"学习方式"革新的起点。新课标理念下的新课堂,教师应该辅助自己的学生去构建自己的知识体系,扮演引导者、组织者、陪伴者、终身学习者的角色。而学生会在具体的情境中进行学习,扮演着探索者、学习者、创造者、实践者、终身学习者的角色。他们可能会亲历项目化学习、主题化学习等一些学习活动,在实践探索中养成良好的思维习惯。

三、呼应新课改,知晓学到啥

"知晓学到啥",即学生的学习效果。简言之,学习效果包含学生的学习内容对自己有效,对未来社会有效。那该如何知晓呢?这需要借助评价来反馈。"以学习为中心",强调学生的学习效果,特别重视对学生学习过程的测评和反馈,更加关注学习结果是不是能达到更高阶的运用。这与新课改强调的"全面落实新时代教育评价改革要求,改进结果评价,强化过程评价,探索增值评价,健全综合评价"的理念是一致的。"以学习为中心",对学生的学习效果进行评价,积极发挥评价在学习中的作用,更能有效反馈学生的学习效果。"以学习为中心",是以结果为导向的教育方式,符合社会主义的教育价值观,要求个人发展需要与社会发展需要相统一,强调教育的根本目的在于提升人的境界,焕发人的精神,培养健全的人格以求人类精神的至善至美,同时通过帮助学生具备技能、掌握知识和明确态度去适应和塑造全新的世界。

"以学习为中心"的新课堂体现了素质教育的理念,以学生学习为中心,意味着学生拥有话语权和选择权,也意味着教师要充分做到因材施教。而传统的教学模式无法凸显学习者的主体地位,因此难以培养未来社会真正需要的人才,也不能让学生成为有创造力的思考者或有创新性的设计师,更不能让他们想象未来的技术,甚至应对当今的挑战。学生并不需要熟记知识内容,而需要能够将他们所学的知识应用在新的环境中。事实上,为大学、职场、履行公民义务、适应未来社会发展所做的最佳准备,就是让学生成为终身学习者。

主题2

新课堂的育人价值

"以学习为中心"的新课堂是一种全新的理念,它与传统教育方式不同,更

打造以学习为中心的新课堂

提倡尊重学生主体地位，给予学生更多主动权，旨在打破传统教学"被动学习"的模式，鼓励、倡导学生自主学习、主动学习，因此在育人方面，彰显出其独特的价值。

一、有理想，明方向，爱生活

马克思说："教育绝非单纯的文化传递，教育之为教育，正是在于它是一种对人格心灵的'唤醒'，这是教育的核心所在。""以学习为中心"的新课堂，认为研究学生是一切教育活动的起点，尊重学生的个体差异，用发展的眼光来看学生的学习过程，紧密结合学生的发展需求，力求探索出正确的教育方向和途径，为学生的关键能力和品格发展提供强有力的支持。当然"研究学生，读懂学生"更有助于落实学生的主体地位，"以学习为中心"的新课堂是有生命力的课堂，一切以学生的需求为出发点，以成长型思维给予学生正向的鼓励和指导，引导学生在挑战任务中，明确自己发展的方向，追求美好生活。

八年级下册语文第四单元编排了"学习演讲词"的活动探究单元。执教老师积极践行"以学习为中心"的新课堂理念，充分考虑课标、教材、学情等因素，开发了"我是超级演说家"这一项目，计划 7 个课时完成。该项目以 UbD 理论（Understanding by Design 理论）进行设计，预期成果为"举办一场演讲比赛"，主要的学习实践有三块内容：感受文体特点，模拟演讲；创写演讲文稿，尝试现场演讲；举行演讲比赛，展示风采。

该项目以"如何让自己的演讲富有表现力和感染力"为驱动性问题，调查学生感兴趣的生活热点，依据热点创设演讲情境：

生活中，我们常常面对公众发表自己的观点，这就是演讲。演讲能力是未来公民的必备素养，具有这种在公开场合表达与交流的能力，助力你的事业走向成功，彰显你的气质与才华，表现你的自信与风度。你看，"内卷""躺平"可谓当代中学生的热词，你向大家表达对这个问题的看法，就是演讲。愿意参与吗？愿意做演讲家吗？请大家积极参与"我是超级演说家"项目活动吧！

学生在项目中的学习需要完成几个大任务：阅读优秀演讲稿，模拟演讲——撰写演讲稿，现场演讲——修正演讲稿，参加演讲比赛。任务遵从学生对事物认识的发展规律，由易到难进行梯度设计。所选的话题是贴近学生生活实际的，保证了每位学生的话语权；上课场所从站在课桌前发言，到教室里的小讲台上演说，再到学校的大舞台演讲比赛，一步一步为学生提供展示自我的更大平台。学生为了让自己的观点能在更大舞台上被更多人听见，他们不仅研读了课内的优秀演讲稿，整理了演讲稿写作的基本知识，学习了演讲的基本技巧，还借助新媒体技术了解更多的演讲技能。

有学生请老师推荐课外关于演讲的书籍。有的同学就购买了彼得·迈尔斯和尚恩·尼克斯联合写作的《高效演讲》这本书，并在两天内看完，然后意犹未尽地感慨"原来，演讲这么好玩"。的确，他发现了自己身上除了看书以外的才能——演讲。演讲比赛时，他的演讲轰动整个校园。这里仅展示他演讲稿中的片段：

认识你自己，解放你自己——谈"内卷"

各位老师、同学：

我手中拿的是2022年美国大学的排名。其中，普林斯顿大学排在第一，哈佛大学排在第二。请问，普林斯顿大学一定比哈佛大学好吗？

这些都源自内卷。在哲学家尼采看来，内卷的人就像骆驼，背着内卷的压力，所走的每一步不过是无意义的消耗，当这些人走到所谓的终点时，他们已经彻底被身外之物所控制，丧失了自由，这正是内卷的可怕之处。

可是内卷现象已经随处可见，困在系统里的外卖小哥，下班越来越晚的公司白领，不得不参加周末补习的学生，都是内卷的受害者。那我们究竟应该如何挣脱内卷的束缚？这个过程分成三步：第一，摒弃内卷的价值观，清楚你是在内卷还是在努力。比如，当你发现自己的知识盲点时，通过教辅资料查漏补缺，是努力，当你因为周围的人都在做教辅资料而选择加入他们时，是内卷。

……

像这位同学一样，班里因为一次项目课程的实践而爱上一件事、一种技能，甚至一种职业的同学真不在少数。也正是因为类似项目化、主题式的学习，以学习为中心的课堂，让学生体会到了课堂有趣，学习好玩，生活美好，人生有方向，一切有趣味。因为，在这样的课堂中，学生能"自由地呼吸"，畅所欲言，安静地倾听他人的想法，在不断交流与思维碰撞中得以互补与成长，达到和而不同、美美与共。

二、有本领，会学习，敢实践

"以学习为中心"的新课堂，指导教师从新理念出发，研究学生学习的起点和兴趣，设置科学的学习任务，引导学生先自学、后上课，教师不再占据课堂主要位置，主动让出课堂的主动权，退居二线，扮演学习活动的"组织者""引导者"。

戏剧拓展课的课堂上，戏剧教师先让学生自主阅读小说《羚羊木雕》，然后让学生根据以下要素提炼信息（如表2-1所示），并进行现场排练。

表2-1 《羚羊木雕》根据要素提炼信息

提炼角度	提炼信息	备注
主要人物	爸爸、妈妈、奶奶、我、万芳、万芳妈妈。	父母是物质主义价值观。 孩子眼中只有情感。
主要布景	我家客厅/校园某棵树下……	
主要事件	①父母送我的礼物，我做主送好友。 ②我听从父母的话，要回羚羊木雕。 ……	
时间	晚上	
提示：舞台排剧，左侧是门，人物主要从此进。		

因为以学习为中心的课堂平时就是这样训练学生的，给学生具体明确的任务和要求，也相当于学生手上有了解决问题的方向，实践起来自然也不会太难。用10分钟时间做准备，便能排出像模像样的舞台剧，还能完成创新实践。

能用一两个动作、语言、音效等技巧，演绎万芳在校园里的一棵树下和我换破洞的裤子这一场景，在舞台上自然展现两个时空的切换。这是学生的创新之举，也是充分考虑到观众的心理期待，才把这一场景勇敢地搬上舞台。舞台上表演，要凸显场景、表现故事，这一点学生似乎已经十分清楚。当然，正是因为学生在课堂上有了这样的尝试和突破，他们学习的热情和昂扬的斗志才彻底被激发出来。一个学期，学生自创剧本，自导自演，仅仅利用课余时间就排出两部戏《寻找》和《"双减"之后》，有一次甚至带着家长排练到凌晨。正是学生这股敢于实践、追求卓越的韧劲儿，这两部戏分别在艺术节比赛中获得一、二等奖，这样的经历对他们来讲弥足珍贵，也是他们一辈子的珍贵回忆。正如戏剧社的学生说："初中生活，我永远忘不掉文海中学凌晨两点的月亮。"

这就是以学习为中心的课堂，不管是基础课，还是拓展课，都要求教师眼中有学生，心中有策略，教师在课堂上讲课的时间不超过15分钟，把更多的时间还给学生，让学生在课堂上充分讨论和交流，生生互学，师生共学，生成有智慧的课堂，大大激发了学生学习的主动性。学生在新课堂中乐学善学、勤于思考、敢于质疑和实践，保持了强烈的好奇心和求知欲，最终形成了良好的学习习惯，终身受益。

三、有担当，能创新，愿坚持

21 世纪学术联盟指出："当学生意识到自己学习的东西和所关心的现实问题相关时，他们的动机就上升了。学习也是如此。"这个现实问题就是真实问题。所以一切学习是在"为真实而学，为真实而教，为真实而考"的真实情境中发生的。"以学习为中心"的新课堂的提出正呼应了 21 世纪学术联盟的观点，它尊重学习主体，创新学习方式，让学学生，引导学生亲历共学式课堂、问学式课堂、项目式课堂、行走式课堂等，习得主动探究的能力，能主动展开学习。

杭州某校学生参与的"'航'行万里，叩问苍穹"八一08科普卫星工程实践活动，就是典型的行走式课堂。师生首先参加某市八一学校"逐梦苍穹"科技主题教育活动，然后聆听相关领域顶级专家的讲座，甚至还听取了中国首飞太空第一人、国际宇航科学院院士、特级航天员杨利伟的"逐梦课堂"，深入感受载人航天精神和航天科学魅力。这在传统课堂上是无法体验到的。

其次，参观"逐梦空间"，沉浸式体验和了解航空、航天、航海的真实展品、模型设备及科幻电影道具。多数同学都是首次近距离接触互动体验设备，都带着好奇和问题认真参与每个活动。

最后，在刘金山总工程师带领下，北京卫星 AIT 中心开展了卫星工程任务集训，了解科普卫星的主要构成、测控、载荷、地面接收等；实地参观卫星装配车间；动手制作定向天线——八木天线，搜寻卫星信号并通过解码器获得图像。随后前往太原卫星发射中心进行发射场工程实践活动，观看火箭发射；实地了解火箭发射基本知识。所有这些能给学生的学习和感受带来很强的冲击力。

正是这样丰富而有探究意义的实践活动，在这些学子心中播撒了科学的种子，也让他们对星辰大海的征途有了真切的体验。这就是与现实世界真正的连接，他们同客观世界对话、同他人对话、同自我对话、同梦想对话，最大限度地丰富自己的探究体验，培育"求真、求实、求美"的探究精神，最终形成坚毅勇敢、自信自强、明辨是非、勇于创新、关心时事精神，愿为自己的梦想持之以恒，不懈奋斗。

主题 3

打造以学习为中心的新课堂

教育是培育人的社会活动。打造以学习为中心的新课堂，秉承教育宗旨，遵循教育规律，为未来社会培养需要的人才。那到底该如何去落实呢？基于 2019 年中共中央、国务院《关于深化教育教学改革全面提高义务教育质量的意见》《义务教育课程方案（2022 年版）》，并结合教育前沿理论，我们整合了七大可实施的策略：确立学习目标、创设学习情境、提出优质问题、设计进阶任务、做好活动设计、优化学习方法、加强课堂反馈，为打造以学习为中心的新课堂做出有力的探索与实践。

一、确立学习目标

课程方案修订的首要原则便是"坚持目标导向"。浙江大学盛群力教授曾说："确立教学目标是大事。只有目标明，才能方向正和程序畅。"这与课程方案强调的目标导向是一脉相承的，都在强调目标"在教学—学习—评估"中的重要性，好的教学目标能极大地促进教师的教和学生的学。且不说目标在课程方案制订上有着导向作用，也不说在单元整体教学过程中，单元目标是单元设计最重要的、首先要解决的问题，单说课堂目标的确立，其实就决定着课堂教学的质量与效益，也是有效实施教学和促进学科核心素养落地的关键。目标确立不准确，评价设计和过程设计都会偏离方向，其质量高低直接决定课堂实施的最终效果。倘若目标设计偏离，都会导致新课堂教学在落实学科核心素养方面的优势难以有效发挥。

如科学老师在写"态度与责任"这一维度的目标时，则容易写得比较空泛，像保持好奇心和探究热情，尊重他人的情感和态度，善于合作，乐于分享等。

又如，浙教版"劳动与技术"教材六年级下册中有一个主题是"庭院模型的设计与制作"。一位老师原先设计的教学目标是"了解庭院的作用和意义，理解庭院所展示的文化。观看视频，总结庭院所包含的元素，学习相关小技巧，探索选材技巧，小组讨论设计草图"，且不说这里的目标不全是"预期学习结果"，作为劳技课，这个项目的主题虽然是与庭院相关，但素养目标的重心应该是"抽象出现实世界中事物的关键特征，包括造型特征、材料特征、色彩特征等，并选取合适的材料进行制作，同时需要对材料进行一定改造和加工"，而理解的大概念应该是"事物的主要特征一般可以从结构、质感和色彩等方面进行提取"，这和最后作品"制作庭院静态模型"才是相呼应的。

打造以学习为中心的新课堂，必定要基于学情和学科素养目标来确立连续性和进阶性的学习目标，以便为新课堂实施指引方向和提供依据。

二、创设学习情境

《义务教育课程方案（2022年版）》提出"加强知识学习与学生经验、现实生活、社会实践之间的联系，注重真实情境的创设，以增强学生认识真实世界、解决问题的能力"。打造以学习为中心的新课堂，要搭建学习内容与学生真实生活的关系，让学生为解决真实问题而学。

九年级语文中考复习案例"引用诗文，诗意表达"，就是基于学生对古诗文第一轮复习后的迁移运用，是对古诗文内涵的深入理解与深刻体验。因此，教师要基于学生的生活，创设能够充分调动学生积极参与的实践情境，引导学生在真实而丰富的情感体验中，依据主题和需要，尝试用不同的方式进行诗意表达。创设真实而有意义的写作情境，是驱动学生深入理解古诗文、投入诗意写作的重要策略。

在教学实践中，教师设计了如下的学习情境：

时光荏苒，九年级的同学即将迎来体育中考，这是打响中考的第一枪。为了充分调动全体考生迎考的积极性，以饱满的热情、良好的状态备战体育中考，某中学决定举办以"铸就诗意青春，决胜体育中考"为主题的考前动员大会。大会上将请你做3分钟发言，发言稿要求诗意盎然，能激励同学们以昂扬的斗志、积极的心态迎战体育中考，夺取胜利。

以上学习情境所涉及的活动、场景、事件、时间、读者等相关信息都是真实的，能够引起学生的强烈共鸣，激活学生内在的情感体验，使他们能够积极参与对"诗意表达"的探究。学习情境真实，活动任务具体明确即写好一篇诗意盎然的发言稿，主题是"铸就诗意青春，决胜体育中考"，角色是动员大会上的学生代表，目的是能激励同学们以昂扬的斗志、积极的心态迎战体育中考，夺取胜利。

打造以学习为中心的新课堂，必定关注真实情境的创设。外设环境、内造心境、基于生活、指向素养的情境创设，凸显了新课标理念下新课堂的实践性，有利于激发学生主动探究的意识，真正实现学生对知识的理解与应用。

三、提出优质问题

未来，属于提问，而非给予答案！问题驱动思考，答案终止想象。《义务教育课程方案（2022 年版）》在教材编写部分建议"加强情境创设和问题设计，引导学习方式和教学方式变革"。义务教育就是要培养能在真实情境中发现问题、提出问题、解决问题的有本领之人。提问看似简单，其实是一种高级的元认知思维，它能够引导人们去推理；提问，其实是一种认真负责的"打破砂锅问到底"的创新精神。教师是新课堂的践行者，也是学生学习的引领者，为使学生有效学习，提高学习效率，提出优质的课堂问题，驱动学生进行深度学习是使命所在。

统编教材七年级下册第一单元由《邓稼先》《说和做——记闻一多先生言行片段》《回忆鲁迅先生》《孙权劝学》四篇阅读文本和一个专题写作"写出人物的精神"组成。根据单元导语，本单元的人文主题是"杰出人物"，其语文要素是"学习精读"和"理解人物的非凡气质"。再根据课后思考探究与阅读提示、专题写作内容及初一学生学情，笔者确定了单元大概念"表现人物的精神"，以此关联四篇文本的核心知识，联结阅读与写作，促进大概念的建构与迁移运用。

在逆向设计中，如何能更好地专注于大概念，把诸多知识目标融合起来形成吸引人的、有效的教学方案呢？在真实情境中教师提出一个单元学习的基本问题：如何写出身边人物的精神？围绕该问题，学生探究单元学习内容的核心：

1. 课文中人物的精神是怎样的？
2. 表现人物精神的写法有哪些？
3. 各种写法的表达效果有何不同？
4. 如何运用这些写法来表现身边人物的精神呢？

由基本问题引出的系列问题，形成一个意义上互为联系的"问题结构"，促进学生对大概念更系统、更深入地理解。基本问题中强调"身边人物"，把语文学习与真实生活联系起来，把建构大概念与运用大概念结合起来，激活了知识间的联系和迁移。同时，基本问题也可以用来架构单元整体教学的内容目标。

当然，打造以学习为中心的新课堂，教师除了自己要提出优质问题，也要训练学生提问的能力，勇敢放弃课堂控制权，给学生留足提问的时间和空间，为学生营造安全的提问环境，切实提升学生有效提问的能力。

四、设计进阶任务

《义务教育课程方案（2022 年版）》特别提出学科课程标准设计，应该加强学段衔接。如《义务教育课程标准（2022 年版）》的课程理念之一：构建语文学习任务群，注重课程内容的阶段性和发展性。显然，践行课程方案及学科课程标准理念主阵地的新课堂，学生的学习任务设计也应该加强衔接性，即任务设计应该体现连续性和进阶性，这也是对目标设计连续性和进阶性的回应。

这里以苏教版数学五年级下册"用转化的方法求和"的内容为例。该内容是基于学生在学习了图形周长、面积的转化之后进行的。

在数学学习中，转化是一种常见且重要的解决问题的策略，是一种包含着数、形、式互相转化的数学思想，让数学知识化复杂为简单、化陌生为熟悉、化抽象为具体、化未知为已知，从而更好地解决问题。本课例中，教师基于学生的学习水平，为学生设计有进阶性的任务来消化和巩固所学内容。从例题出发，教师进阶出题。

学生通过观察比较得出：从 $\frac{1}{2}$ 起，依次加上前一个分数一半的数，都可以转化成"1 至最后一个加数"的减法来计算。为了不让学生形成思维定式，教师又让学生完成" $\frac{1}{3} + \frac{1}{6} + \frac{1}{12} + \frac{1}{24}$ "，学生可以选择画图解答。学生通过图形结合回答了" $1 + 3 + 5 + 7 + 9 = 5 \times 5 = 25$ "，并发现：从 1 起，连续奇数的和可以转化成奇数个数的平方，加法竟还能转化成乘法。教师在此基础上又让学生进行思维拓展：" $2 + 4 + 6 + 8 + 10$ "，连续偶数的和可以怎样转化呢？

教师从知识点间的联系入手，抓住知识间的连接点，通过变式练习，引导学生从简单到综合，从基础到拓展，从顺向到逆向，从模仿到自主，进行题组的比较练习，促使学生完成了进阶挑战任务，增强了学生的转化意识，提高了学生的转化能力，让学生理解、体会到数学学习的趣味、益处和挑战性，充分尊重了不同层次学生的学习理解水平。

打造以学习为中心的新课堂，教师要智慧设计能驱动教学目标实现的、有一定难度和综合性、与真实生活联系紧密的、可激发学生持久理解和探究的进阶任务，引导学生体验式参与进阶的挑战任务，把课堂真正还给学生，让学生主动去理解、去迁移所学知识，最终形成自主分析问题、解决问题的能力，促进学生核心素养的不断提升。

五、做好活动设计

如何设计具有整合性、关联性和实践性的学习活动，使学生在课堂学习的过程中基于主题意义实现多维度素养综合递进发展，是课堂目标达成的关键。组织学习活动的过程就是学生运用知识、技能、方法等深入理解核心概念的过程，就是为完成进阶任务而提供证据的过程。因此，设计好学习活动要着眼于对核心的持续探究、着眼于关键学习任务的进阶。

这里以初中英语的教学为例。打造"以学习为中心"的课堂理念不仅强调要在教学实践中突出学生的自主性，使学生尽早形成良好的学习力，也主张根据学生的现实成长拓展教学内容，促使学科教育连接现实生活，使学生能在实际生活中真正受益。对此，初中英语教师则可设计如下实践体验活动：

1. 鼓励学生在现实生活中尽量使用英语进行日常交流，且要根据交际需求自主整理英语知识。

2. 引导学生参与文化体验活动，开阔学生的文化视野，切实培养学生的文化自信，使学生能够主动传承我国优秀的文化成果。比如在"Food festival"单元教学实践中，可围绕这一单元主题组织一轮生活实践活动，即学生要在现实生活中自行准备一份节日食物，并且要使用英语讲述节日食物的来源、做法、味道等，自主进行英语交流，且要邀请同伴、家人、邻居一同品尝。

打造"以学习为中心"的新课堂，需要教师合理设计紧密关联、交叉循环的学习，理解、实践和迁移去创新单元学习活动和课堂学习活动。

六、优化学习方法

教育研究人员在《有效的教与学》中指出，一个有教学成效的老师是这样的：

1. 不断更新自己的技能让自己成为专业人士，向学生提供尽可能最高的教育质量。

2. 教师不会害怕学习新的教学策略或新的教学技术，并且吸取教训总结方法。

面对时代的变化与教学变革的实践经验，每位老师都要勇于尝试新的教学策略，为学生提供最有效的学习方法。打造"以学习为中心"的新课堂，有很多学习方法可以选择，如协作学习、作品展示、专家小组、沉浸式、支架式、项目式、探究式、发现式、讨论式等等。因篇幅关系，笔者这里就以寓言《赫尔墨斯和雕像者》为例具体阐述"讨论式学习"在以学习为中心的新课堂中的运用。

"讨论"一词，最早出现在《论语·宪问》中："为命，裨谌草创之，世叔讨论之。"有教师在执教《赫尔墨斯和雕像者》时，就将讨论法运用得炉火纯青。课堂上，教师让学生围绕以下七个问题展开讨论，如表2-2所示。

表2-2　教学案例

《赫尔墨斯和雕像者》自主讨论导引单		我的讨论结果
寓言与我	①我像寓言中的赫尔墨斯吗？	
	②我相信寓言所提示的道理吗？	
	③对这个寓言我有什么看法？	
寓言与其他文章	①之前我看过类似的文章吗？	
	②为什么这样的寓言故事得以流传？	
寓言与社会	①我身边的孩子们通常同情哪个动物？成人呢？	
	②对于当前世界，这个寓言中有哪些有用信息？	

用两节课的时间来讨论七个问题，像这样的自导式学习，对学生有没有帮助？答案不言而喻！我们的寓言会这样教吗？打造以学习为中心的新课堂就可以这样教！

七、加强课堂反馈

无反馈，不可见；不可见，无力量。反馈能让学生的学习可见，让学生清晰自己的学习轨迹、学习的困难点，然后才有动力和意愿继续学习，最终提升自己的学习效率。因此，与提问一样，反馈是一种教师为学生提供帮助的公认的有效方式。它让学生不偏离正确的航道扩展思维，并促进学生自我反思和自我监控，帮助学生提升自我、收获成长、持续进步。在以学习为中心的课堂上，学生尤其需要来自教师、同伴、自我的有效反馈，因此教师需要在课堂上营造及时、具体、积极的反馈氛围。那怎样的反馈对学生来讲才算有效的反馈呢？

及时的反馈，在课堂上应该是比较容易达成的，但具体且正向的反馈是怎样的呢？像"太棒了""真不错""不对"这样的评语就不利于培养学生独立学习的能力，就不是具体且正向的。具体且正向的反馈应当针对特定学习情形做出及时回应，是一种更为高级的评价，并非评价性文字，是描述性的，是"学—教—评"一致性的保证，这样的学生才能关注学习过程并能够充满激情。例如这样的评论："你的文字描写得很细腻，给读者带来很强的现场感，令人身临其境！当我读到你描述清理鸟笼时，因为自己的不小心，导致你已养了两个月的小鸟破窗而飞时，我的脑海中瞬间就浮现了这个场景。"

当然，反馈是包容错误的。因此，反馈者在反馈时，就不能带有主观情绪，不能有人身攻击，不能有任何抱怨情绪。包容错误的反馈，不妨用假设提问的反馈话术。如在实验室，你的学生因为自己的操作不当，导致酒精杯破裂，你就可以用上"如果……会怎样""那该怎么做"进行询问。这两个问题看似简单，其实有着重要的作用：放飞想象力和强化执行力。这样假设提问的反馈，改变了传统的思维，创造了更多的可能，学生不会感到羞愧，而是欣然接受，这是反馈的最高境界。最后想说，反馈是相互滋养的过程，有效的反馈是可以相互循环的，不在量，最重要的是在理解、在接纳、在行动，最终促进教师和学生的共同成长。

总之，以学习为中心的新课堂，学习不是被动的，不是结果；它是主动的，是不断体验的持久性过程。当然，打造以学习为中心的新课堂路径肯定不只这几条，这里分享的只是对一线教师比较常用的策略做了梳理，力求为以学习为中心的新课堂注入新的活力，也让课堂的主角"学生"处于课堂中央，成为亮丽的风景线。

专题三
以学习为中心的课堂准备

　　以学习为中心的课堂，要赋能学生的素养发展，因此，坚持实践创新是必经之路，在实践创新中形成素养。为此，教师在以学习为中心的课堂准备中，需要依据学习内容确定学习目标，动态把握真实学情，选择尊重学习主体的方法，确保学生在灵活多样的教学活动中真正成为课堂的主人。

以 学习为中心的课堂准备，是从教师的视角，结合已有的探索和经验，通过具体案例进行阐述，旨在为大家提供帮助学生学习、落实核心素养的路径、工具和"脚手架"等，本专题将从依据学习内容的目标预设、基于真实学情的动态把握、尊重学习主体的方法选择、指向高效赋能的素养发展四个维度做出尝试。

主题 1

依据学习内容的目标预设

目标决定内容组织及教学行为，具有可见性和可测量性。泰勒在《课程与教学的基本原理》中曾旗帜鲜明地提出"目标将成为选择教学材料、勾勒教学内容、形成教学步骤，以及准备测验和考试的标准"。在《布卢姆教育目标分类学（修订版）》中也有类似的表达：

在生活中，目标有助于我们集中注意力和努力；目标指明需要完成的使命。在教育中，目标指出预期的学生学习结果，明确提出教育过程使学生发生的预期变化。在教学中，目标尤为重要，因为教学是一项有目的的理性行为。教学具有目的性，因为教师总是为了某一目的而教，从根本上说是为了帮助学生学习。教学是理性行为，因为教师教给学生的是他们认为值得教的。

的确，学习目标是教学活动所期待的学习结果，是教学过程的出发点和归宿。这里谈论的是根据学习内容进行目标预设。为何只是预设？因为目标的确定，不仅要依据学习内容，还要关注学情、学习环境、教师经验、学习方式等，这在本书后面的主题中会详细阐述。本主题先谈论依据学习内容对目标的预设，为教师最终确定目标做有力参考。这里谈论的学习内容主要是教材，而教材编写的直接依据便是课程标准，因此对学习目标的预设，要充分关注教材和课标。以下就从这两个方面阐述对学习目标的预设。

一、依据课标预设目标

课程标准是国家对基础教育课程的基本规范和质量要求，是教师在分析学习目标时不能也不应绕过的重要依据。有人对教学工作做过一个很形象的比喻，把学科课程标准比作圆心，教学目标比作半径，无论教师负责哪一门课程，不论圆有多大，半径有多长，都不离不开圆心。目标决定一切教学元素，预设目标时，倘若没有依据课程标准，没有对准圆心，就谈不上达标，谈不上有效，更谈不上以学习为中心。

统编教材七年级语文上册第一单元中，有选取春日图景来讴歌春天的朱自清的《春》，有描写山水图景凸显温情特点的老舍的《济南的冬天》，有从四季之雨中感悟人生哲思的刘湛秋的《雨的四季》。教师要引导学生读这些美文，徜徉于多姿多彩的美景中，培养其亲近自然、热爱生活的情怀。学生可以学习美文，运用写景方法，写自己的家乡，发现乡村的多彩美景，激发对乡村的热爱。对标学科的核心素养，依托单元内容把课文当作落实核心概念的学习支架，利用课文培养学生的能力，故浙江省特级教师吴老师就曾预设了如下的单元学习目标：

（1）学会以审美的眼光感受语言所描绘的美丽物象和意境，体会作者的美情美意，培养热爱语文、热爱自然、热爱人生的情感。

（2）掌握重音和停连的朗读要领，通过朗读深入体会诗文的思想感情，感受汉语声韵之美。

（3）揣摩课文言语，体会文学语言的表达手法。理解比喻、拟人等修辞手法的表达效果，提高鉴赏能力。

（4）学会通过联想和想象，将作品的语言文字，还原为画面、意象、情境并衍生出新的内容，发展形象思维，提高审美能力。

该目标对接单元学习提示，单元学习提示体现编者意图，编者意图体现课标意志，形成完美的目标系统，详见下面的目标家族漏斗图（如图 3-1 所示）。

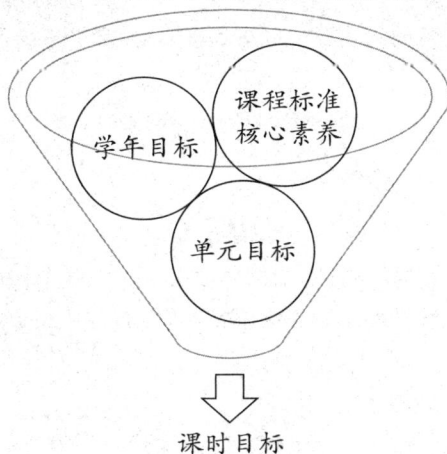

图 3-1 目标家族漏斗图

二、依据教材预设目标

教材是落实课程标准理念的核心载体，编者就是基于核心素养精选素材，再编辑成供学生学习的教材，保证学习内容的思想性、科学性、适宜性与时代性，此外被选内容一定也有自己的文本特质，教师在预设目标时，也要给予充分关注。为阅读的完整性，仍然以《春》为例。《春》是朱自清的经典之作，有着美的语言、美的物象、美的场面和意境，以及对春的哲思，教师当然不能把这样的经典文本让学生随意一学就了事。这时，教师需要以审美的眼光来对待课文，引导学生学习作者的写法（联想和想象、比喻修辞），去感受美（朗读品味）、发现美并运用文字表现美和创造美，最终达成理解美情美意，感悟美的哲理的目标，因此预设了《春》的学习目标。其中，如"通过朗读体验、互评提升，学会运用重音、停连的朗读技巧，读出景物特点和作者情感"，像这样的目标预设就易操作，可监测。

教师在预设目标时，不能孤立割裂地看待这些因素，而应该把它们视作一个整体，交互影响着目标的确定（如图3-2所示）。当然，影响目标的因素可能还有学科核心素养等上位概念，但因本书重点探讨的是课堂（课时）目标，所以这里不再赘述。

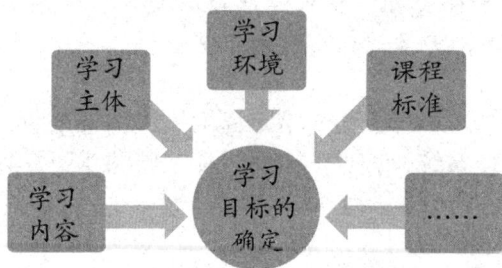

图3-2 学习目标的确定

主题2

基于真实学情的动态把握

《基础教育课程改革纲要（试行）》中明确指出：教育要以学生的发展为本，

关注学生的兴趣和经验。要适合不同发展水平的学生个性发展的需要。新课改从课程的不同方面强调了学生在学习中的主体地位，强调以学生发展为本，倡导自主探究式学习。《义务教育课程方案（2022年版）》也强调要创设以学习者为中心的学习环境，凸显学生的主体地位，加强个别化指导，开展差异化教学。教师作为课程改革的一线实践者和学习活动的组织者，应该全面理解不同学生的发展需求、处于何种成长阶段、有什么样的兴趣爱好和经历、学习程度如何等等。设计出更加符合学生实际的学习活动，以便更好地适应不同学生的发展需求。这就要求我们教师进行学情分析。

何为学情？学情是指与学生学习相关的各种情况、状态和特点。它是教学的起点，也是关键点。简言之，学情是学生的信息，是学生身上会影响教学效果的信息。

学情分析是对学生自身具有的和通过学习或社会实践而获得的信息，尤其是可能对学生学习活动的开展产生直接影响的学习状况和需求等信息的分析。从呈现形式上看，学情有静态和动态之分。

一、以人为本，分析静态学情

我们可以从学生的学习起点、学习状态、学习困难三个维度进行静态学情分析，对学生学习起点的分析要关注学生已有的思维水平，对学习状态的分析要关注学生思维动力（如表3-1所示）。

表3-1 三个维度的静态学情分析

分析维度	分析内容
学习起点	现实起点：已有经验、思维水平、知识能力。
	潜在起点：独立学习或预习可能达到的程度。
	实际需要：学习需求以及学生期待的学习活动。
学习状态	学习动机、学习习惯、思维动力。
学习困难	学习过程中可能遇到的困难或障碍。

下面以小学数学五年级"小数乘法"为例阐述如何进行静态学情分析。

【课标要求】
核心概念：运算能力、数感、应用意识。
学习要求：理解和掌握小数乘法的算理和计算方法；会正确计算和验算小数

乘法，理解整数乘法运算定律同样适用于小数乘法；会用四舍五入取积（小数）的近似数；会解决分段计费的实际问题。

【学情分析】

学习起点：四年级时，学生学习过小数，对小数有了基本的认识，对小数的意义也有所了解，大部分孩子能进行小数加减法、两位数乘两位数及乘三位数的计算，具备了学习本单元新知识的知识基础，但不同学生掌握的程度不一致。通过分析学生预习作业的完成情况，了解学生自我学习所能达到的程度。

基于学生的实际情况，充分考虑他们的现实起点、对新学内容的预备状态，结合学生本身的需要和教学目标的需要，有的放矢地制定出学习目标，关注他们的潜在起点，根据学生预习效果，考虑学生可能的接受程度，力争让每个学生都能在"最近发展区"得到充分的发展。

学习状态：大部分孩子有较好的学习习惯，课上思维活跃，有较高的学习积极性，能主动地完成学习任务。但不爱举手发言的学生有所增加，还有部分学生上课难以较长时间集中注意力，坐不住，思想上易开小差，学习效率不高，作业不能及时上交。

通过客观、完善的学习状态分析，教师可以清晰地了解学生之间的不同状态，依据学生不同的学习习惯和特性来设计适切的分层学习活动，满足不同类型学生的学习需求，实施因材施教，开展差异化教学，促进学生个体的全面发展。

学习困难：由于小数乘法是一个新的知识内容，学生容易与加、减法的运算算理和计算方法混淆，部分学生难以理解分段计费的实际问题。

通过学习困难分析，教师能更为全面地预见学生可能的学习障碍和需求，便于抓住重点，设计策略突破难点，提前做好应对方法，选择最合适的途径完成学习任务。实现了师生之间的协调统一，在时间、精力有限的情况下完成学习活动，提升学生学科素养。

二、以学习为中心，动态把握学情

1. 关注过程，把握学情的动态特征

动态学情主要是指学生在学习活动过程中，随时随地可能表现出来的、与课

堂教学效果密切相关的各个方面的变化。具体来说，动态学情即随着学习活动的深入进行，在师生、生生互动过程中即时生成的，而不是课前预设的教学难点、争论点、亮点及可能拓展出来的新话题等。

杜威说：教学绝不仅仅是一种简单讲，而应该是一种过程的经历，一种体验，一种感悟。教学是学生在师生、生生之间的有效互动中，发现知识的过程。布卢姆说："人们无法预料到教学所产生的成果的全部范围，如今的课堂正显现出刚性向弹性转变的趋势，更关注过程与体验，以及在过程和体验中及时生成的东西。在动态的过程中生成出新思想、新创意。"

因此，在以学习为中心的课堂教学中，教师更应该留心观察学生的表现，灵活应对学生的反应，及时了解并把握课堂上学生的动态学情，督促学生在学习中主动探究发现，在有效的互动中提升思维品质，培养学科核心素养。动态学情主要呈现以下特点。

（1）偶然性

在学习活动中，教师的课前预设只是基于静态学情，对学习活动走向的一种规划，为教学指引方向，同时也限定了教学的框架；而动态学情是在教学过程中，学生或教师的行为、状态或情绪等可能会突然发生变化，有时甚至会出乎教师的预料，从而影响教学进程和效果。

（2）实时性

随着学习活动的进行，学生的心理、情感、知识、思维等各个方面会实时变化。动态学情是实时的，它能够追踪学生的学习活动和表现，并立即提供反馈。这有助于教师及时了解学生的学习进展和需求，以便根据实际情况做出调整。比如，在课堂上生生或师生互动时，教师需要时刻将学生的反应和表现尽收眼底，包括面部表情、语言回答和手势等。如果发现学生出现困惑、无聊或不理解的情况，教师需要及时调整教学方式，如重新解释、提供更多的例子或引导学生进行更深入的思考。

（3）生成性

在学习过程中，通过师生、生生的互动、交流和探究，不断修正、补充和深化原有的学情，从而形成更加丰富、全面和深入的学情理解。这类学情的生成不是静止不变的，而是随着教学过程的推进而不断发展和演变的。其中，课前预设了大部分的可能性，而有些变化是学习活动中转瞬即逝的关键性突破点。教师应该善于关注这些变化，并灵活地将这些变化运用到教学活动中。

2. 发展为本，促进动态生成

叶澜教授说："教学过程是师生、生生积极有效互动的动态生成过程，要改变原来中心辐射的状态，本质上转变成网络式沟通。"

教师不可能预见到课堂的所有细节，而是应该根据当时的具体情况，巧妙地在学生不知不觉之中作出相应的调整和变动。

（1）有效利用"意外情况"

杜威曾说，"实践的领域是一个变化的领域，而变化总是包含有不可消除的偶然因素"。在课堂教学实践中，"意外情况"在所难免，不少教师总在想方设法避免它们的发生，因为担心这些意外会影响教学活动的有序开展。其实，教师没必要也不可能避开它们，与其诚惶诚恐地躲避，不如尝试发挥教育思维，有效地利用它们。

英语课堂上，师生一起探讨比较等级后，忽然鼾声如雷，吴同学呼呼大睡，老师马上停顿，班级里其他同学一下子静下来，准备承受一阵暴风骤雨。然而这时老师却故作神秘：Do you know who is the most hard working in our class?（你知道在我们班级谁是班上最努力的吗？）同学们争先恐后地回答，答案一一遭到否定后，激起了学生的好奇心，老师指指吴同学，学生恍然大悟。Yes, yes. He worked hard until too late last night so that he is sleeping now. He works harder than the others in our class.（他比班上其他所有人都要努力。）学生正为找到答案而沾沾自喜时，老师再次给出不同的答案。He is listening to me while sleeping but some of you fall asleep while listening to me. So he is the most hard working student in our class.（别人是听讲时睡着了，可他是睡觉时也在听讲，所以他是班上最努力的学生。）哄堂大笑中，吴同学醒了，其他孩子在情境中活用了今天学习的语法——比较等级。

英语教师巧妙地将一个课堂上的意外事故变成学习情境、目标语言的运用情境，收到了意外的效果。

（2）正向引导"思维碰撞"

叶澜教授说："教师要尊重学生，倾听学生，善于捕捉学生回答中的闪光点。"闪光点瞬时出现，稍纵即逝，教师一定要善于抓住它，因为它能够促进课堂上的思维碰撞。这种碰撞的盲目性总会存在，若放任发展，则有可能会脱离正常的教学轨迹，引起课堂混乱，因此教师要正向引导这一过程。

在五年级语文口语交际《走进他们的童年岁月》中，学生了解父母的童年生活后，有的感慨道："他们的童年无忧无虑多幸福啊！我真羡慕。"有的却感叹："我们的生活比爸爸妈妈的童年幸福多了！"学生得出这样的结论都是基于自己的童年生活，是与自己童年生活比较之后得出的。他们的角度不同，产生的观点也就不一样。无疑，这些认识是不全面的。教师让学生组成"父母的童年幸福"赞同方阵和不赞同方阵，让两方直接交锋。几轮争辩下来，学生得出：父母的童年物资匮乏，但是他们学习任务不重，自制的玩具多，没有培训班的苦恼，没有学习上的压力，自由自在，轻松愉快……

（3）及时促进"可能生成点"

《义务教育课程方案（2022年版）》也指出要捕捉学生有价值的表现。叶澜教授说："新的课堂需要我们教师不断捕捉、判断、重组课堂教学中从学生那里涌现出来的各种信息，推进教学过程在具体情境中的动态生成。"

形式上不拘一格的可能生成点，需要教师的慧眼观察。学生的一句话，可能是学生在文本解读上的关键信息；一个"不确定"，可能是学生对一些概念的理解并不明晰，可能反映了不少学生在彼时的思维状态；还可能是一个眼神、一个动作、一处争辩、一点瑕疵……

学情的动态生成性需要教师具备敏锐的观察力和判断力，能够及时发现学生的困惑和问题，并采取合适的教学策略进行引导和启发。同时，教师还需要具备灵活应变的能力，能够根据学生的反应和表现及时调整教学策略，确保教学过程的顺利进行。

总之，基于"以学习为中心、发展为本"的教育理念的学情分析，更需要充分考虑并预测课堂教学过程中的动态学情。课堂教学会因为动态的学情而产生新的状况和变化。教师要着眼于学生的实际学习情况，结合课堂教学中出现的动态学情，针对不同阶段的教学进程，灵活地引导学生学习探究，准确把握有效教学的起点和关键点，适时调整学习策略，发展学生的核心素养。

主题3

尊重学习主体的方法选择

学习是学生在教师的指导下，有目的、有计划、有组织、有系统地接受前人所积累的科学文化知识、技能，并以此来充实自己的过程。过程中会采用不同的学习方法，不仅仅是学生获取知识、技能的方法，更是师生在教学活动中信息交流、情感交融、观念沟通的方式。

《义务教育课程方案（2022年版）》指出要创设以学习者为中心的学习环境，凸显学生的学习主体地位，开展差异化教学，加强个别化指导，满足学生多样化学习需求；引导学生明确目标、自主规划与自我监控，提高自主、合作和探究学习能力，形成良好的思维习惯。以学习为中心的课堂，通过构建自主、合作、探究、展示等学习方式，激发学生原有的相关经验，激活学生高水平的思维活动，促进新旧知识经验的相互作用，从而让新知识在原有经验的基础上"生长"起来，使学生进行有意义的建构。在课堂中，学习方法有很多种，比如个人独学、同桌对学、小组合作学、师生群学、成果分享等，这些学习方法可以相互结合和选择。教师根据学习目标和学习任务，并充分尊重学生自己的学习需求，选择合适的学习方法，灵活地应用于课堂学习中。

一、个人独学

个人独学一般指的是独立学习，是指在教师稍加指导甚至不加指导的情况下，学生按自己的计划进行学习的各种学习形式的总称。其特点是学生主要依靠各种媒介（教材、导学案、多媒体等材料）或通过各种实践活动（阅读、书写、实验、研究等方式）进行学习，教师通常只帮助制订学习计划，做有关学习的简介和对学习结果进行考核，有时可进行一定的答疑。个人独学有一定的优势，学生在安静的环境中，容易静下心来，能充分发挥个体的主观能动性，学习效率较高。

在以学习为中心的课堂中，个人独立思考、阅读写作、书写答案等方式都可以称为个人独学。几乎在任何一个学科的课堂中，教师会布置活动"同学们，请先思考一下这个问题，然后举手回答"，这时，个人独学就体现出来了。学生会充分调动大脑进行思考，并提取相关信息、构建答案，接着学生分享答案，通过思维的碰撞，得到最优答案。又如在语文、英语学习中，学生会进行一定的阅读、书写或朗诵等学习方式，从而达成一定的学习目标。

我们再以浙教版科学七年级上册"长度的测量"一课为例进行说明。

教师在教学准备时，提前设计好"导学单"，并安排学生在"课前预习"板块中先进行预习和探究。预习内容如下：

（1）以你自己的大拇指与小手指尽力撑开的"一手"为标准，测量下你课桌的长、宽、高分别约为几手？再与其他同学测出来的进行比较，你觉得每个人都以自己的"一手"为标准进行测量存在什么问题？

（2）感知生活中常见物品的长度并记录。

（3）找一找：你家里测量长度的工具有哪些？并记录下每一个工具的最大测量范围和最小刻度值。

在"课中任务"板块中，让学生根据"刻度尺的使用方法"进行应用，测量"科学书"等物品的长度。在这些活动中，把学生置于学习的主体地位，鼓励和引导学生，培养他们独立学习的能力、问题解决的能力和创新意识。

总之，个人独学是课堂上一切教学活动的前提和基础。学习新课前，学生要先行预习；遇到新问题，学生要先独立思考；巩固新知识，学生要独立答题。这些都是个人独学的范围。个人独学为对学、合作学、群学等打下了基础，为课堂进一步探究提供了智慧的源泉。

二、同桌对学

对学是两个个体之间的交流、学习活动，最易操作的是同桌间的对学，这种学习方法称之为"同桌对学"。以学习为中心的课堂中，当学生都有了自己的思考，得出初步的答案后，就可以安排同桌对学了。同桌对学可以最大限度地让学生放开思想向同伴说出自己的真实想法，同时两人间的互补作用往往会生成一些新的成果，并有利于纠正错误的结论，寻求正确的答案。

在人教版数学五年级上册"三角形的面积"一课中，教师布置任务：用两个完全相同的三角形拼成不同的图形，并把各种拼成后的图形（如图3-3所示）展示在黑板上。

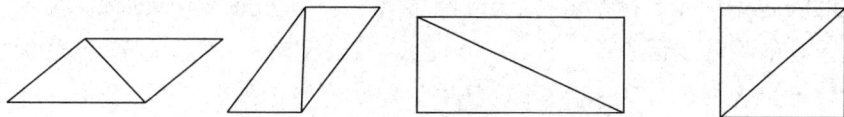

图3-3　利用三角形拼成的不同图形

之后，教师提出这样一个问题："请同桌两人为学习单位，任选一种拼法再拼一拼，并思考：拼成后的图形与原来的每个三角形之间有什么联系？三角形的面积计算公式是怎样推导出来的？”同桌两人随即展开了亲密的合作学习。拼的拼，讲的讲，课堂真正成为学生的学堂！教师在巡视中发现，所有的学生都直言不讳地向同桌讲述着自己的观点。而一些能力强的学生，会选择多种拼法进行讲解。

三、小组合作学

约翰·梅迪纳教授说过"即便在面对同一件事时，每个人的大脑也会以不同的方式处理信息"。一些效果最佳的学习不仅仅是个性化的，还是合作型的。合作学习是一种学生通过共同努力实现共同学习目标的学习方法。合作学习有助于改善课堂内的气氛，创造不同层次学生的发展环境，提升学生的学业成绩，促进学生形成良好的认知和非认知品质。合作学习的重要价值在于形成一种学习文化，让每个人都为增进集体理解而努力。我们期待通过合作学习，使学生在课堂上习得的不是"我要做得比你好"，更不是"只有你做得不好了，才能凸显我的好"，而是"你的成功是我的成功，我的成功也是你的成功"。目前采用最多的合作学习方式就是小组合作学。

一般来说，小组合作学的关键在于小组成员角色任务分工明确。具体来说，要体现以下几点：

（1）小组成员中的每个人积极承担共同任务中个人的责任。通俗地说，就是人人有事做，人人有责任，人人有任务。每个人都是共同任务中不可或缺的一部分。

（2）小组成员积极地相互支持、配合，特别是面对面地进行促进性的互动；所有学生能进行有效沟通，信任彼此，如果发生冲突，也能有效解决。

（3）对共同活动的成效进行评估，寻求提高其有效性的途径。

以学习为中心的课堂中，任务小、难度低的小组合作学活动可以由组长主持，小组成员各抒己见，记录员记录，一人发言后其余组员补充、订正，遇到争执不下的问题做记录，随后提交全班群学和交流。任务大、难度高的小组合作学，可在开展活动或任务前，进行"角色分工，建立公约"。首先，请小组成员阅读角色分工表（如表3-2所示，注明这只是其中一种形式），思考自己能为小组做什么贡献（如组织，查资料，分享学习经验，讨论记录，整理小组收获等）；其次，想想自己感兴趣的角色是什么，从而确定自己的角色并在后续的小组合作学中发挥作用。

表3-2 角色分工表

角色	分工任务	认领情况
学习促进者	不断促进小组成员深入学习和思考。你需要: ①在小组讨论时适时提出一些自己的见解或疑问,以促进小组成员的讨论能够持续、深入地进行。 ②带领小组完成小组展示活动,组织好每一次小组讨论。 ③及时将重要信息转达给小组成员,并做好分工。	
罗盘向导员	保证小组始终在完成目标的道路上。你需要: ①和小组成员一起梳理并明确小组基本目标和高阶目标。 ②在小组讨论中确保大家大部分时间是在朝着学习目标前进,防止小组讨论在未完成基本任务之前跑偏方向。	
任务管理员	确保小组整体和组员个人的任务能够在截止时间前顺利完成。你需要: ①将每项任务团队完成情况可视化地提供给组员,完成任务时间的填写。 ②在每日任务截止前,适当提醒还没有完成任务的组员。	
宝藏探索者	根据所学内容和小组讨论的疑问,提供资料查找等相关支持。你需要: ①在小组讨论时,总结小组未解决的问题并贴在任务管理墙上。 ②根据小组成员讨论情况及所学内容,适当搜索相关资源,支持小组成员深度学习。	
高光记录者	看见小组成员并给予小组团队学习力量。你需要: ①每日观察小组成员的学习状态和发言状态,并找到每个组员至少一个优点。 ②每日对每个成员的高光时刻(状态好的地方)进行多元鼓励。	
资料管理员	保证小组始终在完成目标的道路上。你需要帮助小组保管各种资料,如海报、探究报告、PPT等资料。	

四、师生群学

"群学"也是一种合作学习,"师生群学"是一种教师和学生一起的合作学习。"师生群学"旨在遇到"个人独学""同桌对学"甚至是"小组合作学"解决不了的问题时,可通过组间讨论、师生互动进行互相启发,实现博采众长、互助互利的效果。

以学习为中心的课堂中,教师可以挑选小组代表进行讲解或展示汇报,当主讲人讲解完毕，发起互动邀请后，同学们可以质疑补充。比如在语文学科学习中，学生在分析语段或语篇时，教师往往会邀请学生个人阐述答案和分析解释，其余同学认真倾听并补充，当同学们讲得不对或讲得不透彻时，教师介入。其间，教师起到指导作用，帮助同学们"拉线、织网、爬高"。

在浙教版科学七年级上册"汽化与液化"一课中，教师安排学生以小组为单位，根据提供的器材探究"影响液体蒸发快慢的因素"，让学生先在"导学单"中建立假设，然后运用"图文结合"形式设计实验方案。在小组撰写方案结束后，教师邀请1~2组学生上台展示并汇报方案，其余小组进行补充，最后师生共同修正实验方案。

通过"师生群学"的学习方法，学生不仅得到了最优方案，也提升了表达能力、合作交流能力和问题解决能力。

五、成果分享

"成果分享"学习方法指的是在学生学习到一定阶段后，把所学到的知识、研究项目或创作的结果以某种方式展示或呈现给他人的一种学习方法。成果分享形式可以是口头报告、书面报告、项目展示、演示文稿、海报展示和视频演示等等。学生不仅要呈现他们完成的任务或项目，还要解释他们的思考过程、遇到的困难、解决问题的方法和经验教训，以及所获得的新知识和技能。

比如，在学科项目化成果分享时，可采取"画廊漫步"形式。教师和学生将作品张贴上墙，创作者站到自己的作品前面，向来自其他组的同学介绍自己小组作品的创意。各个小组顺序沿着作品漫步，每到一个新的作品前，参与该作品创作的学生就负责向其他同学解释这幅作品，直到每个作品都被观赏和介绍。在成果汇报时，学生往往会从"项目背景""项目过程""成果展示""反思总结"四方面进行汇报。

以学习为中心的课堂中，成果分享学习方法给予了学生自主学习的权利，把课堂还给了学生，使其成为课堂的主角。通过成果分享，学生更加积极主动地参与学习活动，实现了以学习为中心的目标。他们不仅是知识的接受者，更是知识的创造者和分享者。成果分享学习方法让学生得到多方面的收获，主要有以下几点：

（1）通过展示和分享，加深了对知识的理解和掌握。

（2）在观摩他人分享时，学习到其他同学的学习方法和策略。

（3）通过展示和表达自己的学习成果，提升了沟通和表达能力。

（4）通过分享过程中的反馈和评估，可以对自己的学习进行自我评估，认识到自身的优点和不足，并为进一步提升做出相应的努力。

综上所述，学生的学习方法多元，这些学习方法可以帮助学生主动参与学习过程，培养学生的自主学习和合作学习能力，提高他们的解决问题和创新能力。在以学习为中心的课堂中，教师要尊重学生学习的主体性，始终将学生放在主体地位上，并根据不同的学习目标，设计相应的学习任务，组织学生采用合适的学习方法，促进他们学习行为和兴趣发展，使之达成学习目标。

主题 4

指向高效赋能的素养发展

打造以学习为中心的新课堂最终是为了培养未来社会需要的人才，因此教师在备课时，应该把学科核心素养创造性地落实在课堂上。学科的核心素养即学生能够适应终身发展和社会发展的必备品格、关键能力和价值观。面对新的情况、新的问题，学生要学会找到策略和方法，懂得如何研究和突破，并能形成解决方案，这样的素养需要在新课堂上进行培育。前三个主题都是对核心素养在以学习为中心的新课堂上对落实途径的探索，都具有很强的实践性和可操作性，本主题仍然是在积极探索这一路径，在内容上更加侧重教师的职业素养，主要从四个维度来探讨：突出育人为先，践行概念为本、培养高阶思维、强化实践创新。

一、突出育人为先

习近平总书记在中共中央政治局第五次集体学习时强调"我们要建设的教育强国，是中国特色社会主义教育强国，必须以坚持党对教育事业的全面领导为根本保证，以立德树人为根本任务，以为党育人、为国育才为根本目标"。此外，还多次强调，课程教材要发挥培根铸魂、启智增慧的作用，义务教育课程在立德树人中要发挥关键作用。秉承国家的教育方针，《义务教育课程方案（2022 年版)》明确了培养目标，即培养有理想、有本领、有担当，德智体美劳全面发展的社会主义建设者和接班人。因此，2022 版课程标准强化了育人导向，将义务教育培养目标和党的教育方针具体为课程应着力培养的核心素养，以践行"立德树人"这一根本任务，落实义务教育课程的培养目标，如图 3-4 所示。

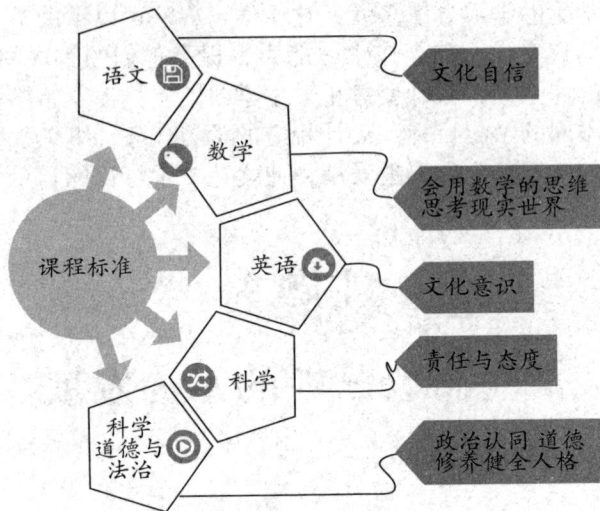

图3-4 各学科课程标准中的育人导向

　　如果说课程标准是落实国家课程目标的载体，那学科核心素养就是落实课程标准的载体，而课堂就是载体的核心。以学习为中心的教学方式就是对"立德树人"根本任务的最佳回应，在新课堂中积极践行，将育人为本落实到具体的教育教学活动中，如：

　　杭州市某中学七年级语文老师实施过"我读《论语》"的项目，其中一个课时由邵老师执教"君子之风"，就将育人为本落实到课堂上的每个环节中。课堂上的三个进阶任务聚焦君子展开：读文，识君子；思考，辩君子；反省，做君子。邵老师组织学生完成以下学习活动：

　　（1）提供表达支架，学生独立思考。

　　我认为我做到了君子之风中的……

　　我认为……方面我还没做到。

　　比如，有一次……（结合具体事例）

　　我承诺，今后……

　　（2）学生组内分享。

　　（3）教师提供表达支架，班级交流。

　　我们小组的同学认为他做到了君子之风中的……

　　他认为……方面还没做到。

　　比如，有一次……（结合具体事例）

　　他承诺，今后……

让学生近距离接触经典的同时，品读经典，以优秀经典文化反观自身，既培养了学生的正确价值观，又对优秀传统文化有着初步的认同，落实了语文学科的核心素养。

二、践行概念为本

何为概念？概念是人类认知思维体系中最小的构筑单位。心理学认为，概念是人脑对客观事物的本质反映。思维型教学理论的发起者胡卫平教授给"概念"的定义是：概念是一类事物的共同属性和本质特征在大脑中的反映。课程专家林恩·埃里克森在"概念"的基础上又提出"概念性理解"，其表现形式就是表达跨越时间、地点和情境的概念性关系的句子，并认为"基本理解""概念性理解""核心学科概念"说的都是同一个事情。本文认同埃里克森的观点，那我们对概念陌生吗？并不！

其实，孩子从小就能形成概念认知，如孩子辨认父母、辨别各种物品的过程，说明了孩子对所辨别对象的特征或属性有一定的了解，这就体现了概念的形成。概念一旦形成，是可以持续迁移运用的，因为那是思维活动的结果和产物。课程专家们在做国家课程设计时，也逐渐意识到概念在课程中的重要地位，所以近两年的教学改革也使大概念教学被一线教师尝试和探索。那么以学习为中心的新课堂，要赋能学生未来的发展，必定就要直抵概念，践行概念为本的教学。

林恩·埃里克森和洛伊斯·兰宁合作了一本书《以概念为本的课程与教学：培养学生素养的绝佳实践》，其主张的"以概念为本的课程与教学"其实就是对"以学习为中心"教学方式的有效探索之一，在教育界产生了一定影响。概念教学能反映学习的本质。如学科概念指向了学科的核心内容，它能整合零散的知识点，使知识之间形成普遍联系及内在逻辑，并帮助学生形成解决问题的基本策略，通过激发个人智力而增加学习的动力，指向学科的思想和方法，形成可持续的理解及迁移。可见，以概念为本的教学能从更高的层次赋能学生的素养发展。那在以学习为中心的新课堂，教师具体可以做哪些准备呢？

1. 以概念为本的教学设计

以概念为本的教学设计，可以探索采用大单元、主题式等综合性教学活动，促进学生举一反三，融会贯通，加强知识间的内在关联，促进知识结构化，最终引导学生持久学习，深度理解，并进行跨情境的迁移。现以九年级语文上册（统编教材）的第一单元为例：

九年级语文上册第一单元为现代诗歌探究单元，教师可以依据单元学习提示、学习内容等要素，提取出以下核心概念进行选择性教学。

（1）高品质朗读能表现作品美并抵达作者内心之门的内容。

（2）地域环境会影响作品的风格（表达方式、语言、形象等）。

（3）诗歌是一种通过凝练的语言、独特的形式和丰富的意象传达情感的文学体裁。

九年级语文上册第一单元为诗歌单元，单元核心词为词语、意象、形式、情感等，依据文体特质，确定本单元学习的大概念：诗歌是一种通过凝练的语言、独特的形式和丰富的意象传达情感的文学体裁。基于此，明确了本单元学习的大任务：举办班级朗诵比赛（自创诗歌或选择名诗）。首先，拆解出每一首诗对应的具体任务，如《乡愁》聚焦形式和意象，在具体的子任务学习中逐步建构诗歌的知识；其次，要求学生评判诗歌；最后，学生尝试写作诗歌并朗诵诗歌。

整个任务完成的主体是学生，学生在探究、思考、梳理、分析、写作的过程中，一步步接近核心概念的理解，形成对现代诗歌是由凝练的语言、独特的形式和丰富的意象传达情感的文学体裁的理解。

在以概念为本的单元设计中，始终以观点为中心，不是以事实性的知识点为中心，教师精心设计最重要的概念理解，并将重点放在学生的学习探究上，将概念迁移到古诗的学习、戏剧的学习等。

2. 以概念为本的评估设计

评估是对学习过程及结果的反馈，尤其是以概念为本的评估更关注学生在概念层面上迁移知识和技能，有助于引导学生形成深度理解、提升写作和研究技能及复杂分析等能力。因此需要教师深思熟虑，通过有针对性的表现性任务设计来评估概念性理解、关键知识内容和关键技能。那么，学生学习的高质量表现性评价有哪些特征呢？在《以概念为本的课程与教学：培养学生素养的绝佳实践》这本书中给出了明确的答案：

（1）围绕知道、理解和应用的学习目标。

（2）真实可信并依据具体的情境。

（3）按照明确的标准进行评估。

（4）可以提供学生选择。

教师可以围绕这些特征，在课前设计以概念为本的表现性评价任务。林恩·埃里克森和洛伊斯·兰宁提醒教师需要记住最终的目标（KUD）：学生需要知道什么（Know）、理解什么（Understand）、能做什么（Do）。然后，确定所要的结果，再设计能够满足关键KUD的有意义的表现性评价任务（摘自《以概念为本的课程与教学：培养学生素养的绝佳实践》第86页）。

专题三 以学习为中心的课堂准备

确定所要的结果（KUD）

（1）为了完成这项任务，对于学生来说，哪些事实性知识是最重要的？

（2）学生应获得哪些超越本单元学习内容的概括（理解）？概括应当出自本单元中精选的一到两条最重要的概括。

（3）本任务中应当评估哪些技能？

注意：KUD 可以从单元计划中获得。

设计能够满足关键 KUD 的有意义的表现性评价任务

（1）本项任务能否激发学生的个人智力和情感，或提高学生的学习动机？

（2）本项任务是否需要学生具备更高水平的主动思考？

（3）你能否评估学生在事实（当前学习内容以内和以外）和相关的概念性理解之间发现模式和联系的能力？

（4）学生能否展现出本单元所需的关键技能？

（5）本项任务是否能够为研究内容提供一个具有相关性的焦点？

（6）本项任务是否明确联系到目标概括上？

让我们接着来看看九年级语文上册第一单元诗歌探究单元，关于诗歌朗诵会教师开发的表现性任务及朗诵评价量表，表现性任务应该始终匹配一个评分指南或评价量表，可详细，可简略，如表 3-3 所示。

概括：诗歌是一种通过凝练的语言、独特的形式和丰富的意象传达情感的文学体裁。

为丰富学生学习生活，激发学生健康、积极的学习情趣，落实"立德树人"根本任务，以文化人、以德育人，不断丰富"美好教育"的时代内涵，按照"春在文海、美在文海、幸福在文海"的活动要求，学校决定组织举办九年级诗歌朗诵活动。语文老师要求全班同学积极参与，修改自己创作的诗歌，在班级选拔脱颖而出，争取在更大舞台上，让更多人听见自己的作品。

任务方案：你作为班级一份子，你将如何修改你的诗歌，力求能代表班级，在学校的舞台上展示？

将在以下方面对你进行评价：

诗歌创作、情感表达、朗诵技巧、朗诵形式、朗诵效果。

表3-3 "春在文海、美在文海、幸福在文海"诗歌朗诵评价量表

维度	分值	评价指标	得分
诗歌创作	2	朗诵的作品是本人或小组成员的原创作品。	
	2	符合"春在文海、美在文海、幸福在文海"的主题要求。	
情感表达	2	朗诵者能够正确理解诗歌的内容,情感基调准确。	
	2	朗诵者精神饱满,感情真切。	
朗诵技巧	2	语气、语调、音量、抑扬恰当,重音、停连、拖音正确,声情并茂,富有节奏感。	
	2	面部表情、眼神自然,手势、动作得体,辅助情感表达。	
朗诵形式	2	可适当化妆,仪态大方,富有气质,衣着得体,与诗歌内容协调。	
	2	上下场有序,站位造型美观,展现良好团队风貌。	
朗诵效果	2	能够借助道具、PPT、背景音乐等多种方式,营造诗意氛围,富有感染力。	
	2	脱稿朗诵,吐字清晰,表达流畅。	
总分			

　　以概念为本的教学,能够实现从学科知识到学科素养的进阶,指向持久的理解。不管是以概念为本的教学设计,还是以概念为本的评估设计,都是为了实现以概念为本的课堂,教师借助课堂这个载体,培养学生的概念思维,促进学生的深度学习。

三、培养高阶思维

　　学习的本质是思维。思维之于学习,之于未来生活的重要性不言而喻。义务教育课程标准将其作为各自学科的核心素养之一,可见思维之重要。思维是人脑对客观事物间接和概括的一种反应,其核心是创新与迁移。四川大学权新峰副教授也给高阶思维下过一个比较宽泛的多维度定义(严格来说应该是思维包含哪些方面),可供参考(如表3-4所示)。

表3-4 思维的宽泛定义

认知能力	问题解决、批判性思维、明确提出问题、信息搜寻和有效应用、明智判断、观察、研究、发明创造、分析数据、口头和书面表达等等。

元认知能力	自我反省和自我评价。
社交能力	引导讨论、说服、协调、合作等。
情感处理能力	毅力、内在动力、责任感、自我效能、独立、灵活性、应对困难等。

其实生活无处不思维，小到学生询问妈妈糖醋排骨为何做得这么美味，提出问题就是思维的开始。妈妈的回答，就涉及能不能把孩子的思维引向深处了。践行以学习为中心理念的教师，除了更新自己的教学理念，转换自己的教学方式，变学生被动学为主动学之外，还可以做怎样的尝试和努力，以帮助学生培养高阶思维呢？

1. 指向高阶思维发展的课堂教学设计

思维的核心是创新与迁移，主要表现为能够顺畅提取与真实任务相关的知识经验，识别众多信息中的规律，能够在新颖、真实情境下灵活地调整认知框架及其应用策略，习惯于围绕体现本质的大问题，对内容进行结构化。因此，学生的学习就需要从记忆事实到概念建构，从低级到高级，从感性到理性。基于这样的认识，笔者在设计初中古诗复习课"引用诗文，诗意表达"时就采用了"一题三阶"复习法来发展学生的高阶思维。

"引用诗文，诗意表达"基于真实情境提出一个大问题：如何写一篇诗意盎然的发言稿？再将问题拆解成具体的活动和任务，力求问题任务化，任务结构化。三阶，就是解决问题的三个步骤，即借助三个进阶的任务解决问题，其基本流程如图3-5所示。

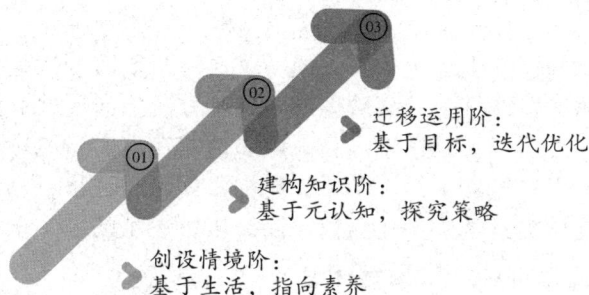

迁移运用阶：
基于目标，迭代优化

建构知识阶：
基于元认知，探究策略

创设情境阶：
基于生活，指向素养

图3-5 问题解决三进阶示意图

根据这一流程，教师设计了相应的学习活动，如表3-5所示。

表3-5 古诗复习课流程表

活动流程	学生活动	学习支架
活动1：摘抄梳理，探究方法	摘抄六册教材中名家引用诗文的范例九处，探究其引用诗文的方法。	示例： "吹面不寒杨柳风"，不错的，像母亲的手抚摸着你。 …… 请你归纳名家引用诗文的方法。
活动2：确定主题，关联诗句	请确定发言主题，并根据主题借助思维导图关联相关诗句。	主题词：
活动3：依据标准，连缀成文	请根据评价标准，引用诗文完成你的150~200字发言稿。	"引用诗文撰写发言稿"之评价标准

	撰写目标	分值
基本要求	所引用诗文能恰当表现本次发言主题。	2
	能恰当运用"直接引用""引用＋阐述"两种引用诗文的方法，丰富发言稿的内容，增强诗意。	4
高阶要求	能恰当运用"采撷化用"的方法引用诗文，丰富发言稿的内容，增强发言稿的文采。	4
总评		

一题三阶法，既让学生温故知新，激活了古诗文复习的兴趣，又促进学生对古诗文的深度理解，发展学生的高阶思维。这种方法指向迁移运用，学生需要对已学内容进行重构，培养了专家思维，锻炼了他们在真实情境中解决复杂实际问题的能力，引导学生在复习中经历学习、建构、创新与迁移，从学科学习迁移到现实世界，力求高质提升学生文化自信，最终培育学生的语文核心素养。

2. 指向高阶思维训练的学习载体设计

这里的作业就是教师精编的学习载体。叶圣陶老先生曾经说过："大凡传授技能技巧，讲说一遍，指点一番，只是个开始，而不是终结。讲说和指点过后，接下去，有一段必要的工夫，督促受教育的人多多练习，硬是要按规格练习。"这句话强调了学习之后练习的重要性。这一观点与新课标强调的"作业评价是过程性评价的重要组成部分，作业设计是作业评价的关键"的理念一致。这里的作业不是强调知识点训练，而重在评估学生技能与方法的掌握，反馈学生迁移运用的能力，注重发展学生的思维。这样的作业是帮助学生学习的载体，指向学生高阶思维的培养。如：

八年级数学教师在上一元二次方程时，就为学生创设了一个思维型学习载体，它对应课程标准，依据本课要求和学习内容，创设贴近学生生活实际的情境，激发学生的学习兴趣，旨在引导学生在真实的情境中解决问题，然后对课中知识进行回顾，探究拓展题目，提炼方法进行归纳。

思维型学习载体，让学生经历真实情境、解决问题、分析归纳等高阶认知策略，引导学生的思维实现进阶式成长。这就是在以学习为中心的思维培养方面，教师应该为学生做的。

2.2（3）一元二次方程的解法　班级＿＿＿＿＿＿　姓名＿＿＿＿＿＿

一、课程标准

1. 内容要求：巩固用配方法解一元二次方程的基本步骤，会用配方法解二次项系数的绝对值不为 1 的一元二次方程。（P56 页）

2. 学业要求：能根据一元二次方程的特征，选择配方法、因式分解法、直接开平方法解数字系数的一元二次方程。（P59 页）

二、情境引入

如图，工人师傅来修屋顶，把一架梯子搁在墙上，已知梯子长 5 米，墙高是梯子底端点离墙的距离的 2 倍，问如何放置？

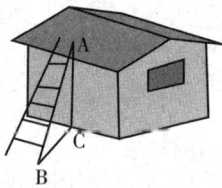

三、核心问题

当一元二次方程二次项系数不为 1 时，我们应该如何解一元二次方程？

四、课中任务（T）

1. 知识回顾：一元二次方程的一般形式：＿＿＿＿＿＿＿＿＿＿＿＿＿＿＿

一元二次方程的解法有：＿＿＿＿＿＿＿＿＿＿＿＿＿＿＿

用配方法解下列方程：

（1）$x^2 - 8x = 4$　　　（2）$x^2 + 3x + 2 = 0$　　　（3）$-x^2 + 5x + 6 = 0$

2. 探究：一元二次方程二次项系数不为 1 怎么办？

$$5x^2 = 10x + 1$$

方法提炼：如何解决二次项系数不是 1 的一元二次方程？

_____

3. 例题教学，解下列方程：

(1) $2x^2 + 4x - 3 = 0$ (2) $3x^2 - 8x - 3 = 0$

(3) $0.2x^2 + 0.1x = 1$ (4) $\dfrac{2}{3}x^2 - \dfrac{4}{3}x + \dfrac{1}{6} = 0$

配方法解一元二次方程的一般步骤：_____

_____

例 7：已知 $4x^2 + 8(n+1)x + 16n$ 是一个关于 x 的完全平方式，求常数 n 的值。

变式提升：二次三项式 $2x^2 - 4x + 7$ 可以配方成 $a(x+m)^2 + n$ 的形式，求 a、m、n 的值。

归纳：_____

培养学生的高阶思维赋能学生素养发展，教师要在备课、作业设计等方面下足功夫，如备课时可以进行指向思维发展的单元整体设计，对学习内容进行重构，培养高阶思维，引导学生在学习中经历创新与迁移，从学科学习迁移到现实世界。这样，教师就帮学生在学校教育、学科学习和现实世界之间架起了一座牢固的桥梁。

四、强化实践创新

只有不断实践，勇于创新，才能把握时代，引领未来。习近平总书记在党的二十大报告中提出"必须坚持守正创新"。的确，创新是当代社会发展的主要方向，也是实现中华民族伟大复兴的不竭动力。一个国家或民族创新能力的高低取决于教育是否能够培养出一批具备实践创新精神的人才。可见培养实践创新精神是新时代教育的灵魂。在以学为中心的课堂上，该如何突出实践创新，为学生的素养发展赋能呢？

1. 激活参与度，让实践真实发生

《义务教育课程方案（2022年版）》的基本原则里提出"变革育人方式，突出实践"，倡导学生"做中学""用中学""创中学"。因此，要培养学生的创新精神，就应在课堂上为学生创设充分实践的氛围和条件，激活学生的参与度，让学生在真实的实践中学会质疑、思考和批判，以此不断激发其创新意识和创新潜能。

这里以小学科学为例。科学非常强调实践和体验，因此教师要创设情境，让学生积极参与以探究为目的的实践活动，力求学生动脑动眼、动手体验。为了让每一位学生都投入学习的全过程，进行沉浸式体验，保障科学探究活动的顺利开展，教师在课前需要准备充分，为学生提供更多探究活动的时间、空间及材料，旨在最大可能地激活学生的参与状态：

教师将"杠杆类工具的研究"一课分成"杠杆类工具的比较"和"小杆秤的研究"两部分，其中"小杆秤的研究"只占一页。倘若限制于教材篇幅与课时，用演示实验替代学生分组实验，就会严重低估小杆秤制作活动的价值，就无法让学生在课堂上得到真正的发展。倘若参照教材示意图，用纸做秤盘、大螺帽做秤砣，会导致无法标注零刻度线，不能准确画出重量刻度，会严重影响学生形成科学的概念。不如设计一个探究活动，既能激活学生的参与感，又能规避以上两种情况。因此，教师在设计探究活动时，安排一课时以保证小杆秤制作的时间，同时，拓展了小杆秤制作的空间，请学生从家庭中收集实验的器材，到课堂上实践制作，再关联日常生活中的实际应用。教师也可帮助提供有结构的材料，比如月饼独立小包装的铁盒子，用来制作秤盘等。

时空保障学习，材料引起活动，这样的实践探究活动大大增强了学生学习科学的参与度。学生通过对材料的操作、重组和思考，从中感悟获取科学知识的方法和过程，培养科学的创造性思维，提升科学素养。

2. 强化体验感，让创新成为可能

《创新者的心智模式》一书提到："创新并不总是与闪亮的新技术或商业模式相关，它更像是一种日常的思维和行为方式……把创新融入生活当中，就像你会采取一些行为来帮助你减肥、增肌、学钢琴和提升人际关系一样。"对于产品创新来说，创新是长期追踪顾客体验所累积而成的思维方式，找到顾客体验中存在的问题和缺陷，然后不断将其改善、精进，这便是一个有意义的创新。同理，对于学生来说，有着深度体验的学习，有助于自己发现问题，进而获得深刻的洞察力，并实现创新性解决问题的可能。可见，体验充分，创新生成。

正是有着这样的认识，深受"以学习为中心"理念熏陶的体育教师也不会放弃培养学生创新精神的机会。小学二年级体育课"跑：快速变向跑"一课的设计，就充分体现了"以学习为中心"的理念，让学生尽情体验各种变向跑步。这样设计既重视了学生学的过程，又增加了学生学习的趣味性和体验感，让学生更有信心主动参与，挑战自我，创新完成快速变向跑任务。

教师在开始的热身环节就为"学"作铺垫。先带领学生在操场边的小树林热身，感受秋天大自然的气息，一起体验森林美景，为学生创设了良好的情境。接着，有针对性地设计了多种路线的热身跑，利用音乐节奏的变换，让学生在正确快速跑姿势的基础上，用身体深刻体验各种变向跑。

在教师引导和组织下，学生充分体验变向跑给身体带来的感觉，发现问题，总结经验，力求做到身体重心的迅速转向，同时保持身体平衡。在体验过程中，他们创新性地进行"S"形跑、"Z"形跑、"W"形跑等各种变向跑，然后通过向前、向后、向左、向右多个方向的变换，为练习快速变向跑做好充分准备。

学生亲身体验学习过程，不断思考并解决问题，在不断尝试中及时调整，让创新性变向跑成为可能。

乔布斯曾经说过的："人们有时候并不知道想要什么，直到你把它摆在他们面前。"所以，没有充分的体验，学生就无法发现问题，无法知晓自己的需求，导致没有需求，创新便失去了动力。世界多少创新发明都源于人类的需求。人类需要光明，所以发明了电灯；人类需要快速联系，所以有了电话。这一切都证明，创新源于需求，需求来自体验，体验充分，创新才有可能。

总之，以学习为中心的课堂，要赋能学生的素养发展，坚持实践创新是必经之路。以学习为中心的课堂，教师要更新教育教学观念，要充分认识到"以学习为中心"的价值，要认真贯彻落实"以学习为中心"的教学理念，充分发挥学生的主观能动性，在确保学科价值充分展示的基础上，使学生在灵活多样的教学活动中真正成为课堂的主人，促使学生获得健康全面的发展。

专题四
以学习为中心的共学式课堂：
调动与激励

　　共学式课堂注重变革育人方式，突出实践，深化课程、生产劳动与社会实践的结合，立足情境，促进学习的真实发生，突出学科思想方法和探究方式的学习，倡导自主、共学、探究相结合的学习方式，重视知行合一、学思结合，充分发挥实践的独特育人功能，着力实现做中学、用中学、创中学。

共　学式课堂强调教学与学习中的共学、交流、讨论、互助。在学生、教师组成的学习圈中，教师承担任务设计、活动组织、指导、参与、监督、考核等责任，同时也跟学生一起学习；学生处于学习圈的中心位置，切实贯彻了"以学生为中心"的原则，同学和教师同时都扮演着共学者的身份。

主题 1

课型研究背景及概念阐述

一、课型研究背景：共学式课堂是提升育人价值的必然路径

新课标强调以学为中心，以学生为主体，基于学生的"学"，创设以"学"为中心的共学式课堂，旨在满足学生学的需求。共学式课堂倡导运用多种方式、多种媒介，在"共享""共生"中实现"会学""慧学"。通过教师与学生的共学、学生与学生的共学，激发课堂生命的热情，提升学生核心素养，促进学生终身发展，并最终实现教育公平发展、高质量发展。

以往的课堂未能有效贯穿以学生为核心的教育理念，缺乏对学生综合能力和素质的培养，只注重学生学习成绩的提升。

其一，教学方式比较单一。教学设计过程中没有注意到学生的学习需求，没有给学生足够的时间思考。虽然这种教学方法可以快速完成教学任务，但学生的思维没有得到有效激发，甚至会产生思维的惰性。

其二，课堂主导权较为固定。传统课堂由教师把握课堂的节奏，学生在被动地接受中逐渐失去学习的热情，难以真正体会学习的本质和意义。

其三，教学评价结构不够多元。教师过于注重学生的知识学习，未能注意学生在学习过程中表现出的问题。由于教师只注重最终结果，忽视了过程的重要性，导致学生没有意识到自己的缺点和不足，未能对学生存在的问题进行深入研究，削弱了教学评价的功能。

针对以上问题，党的十九大报告指出："努力让每个孩子都能享有公平而有质量的教育。"时任教育部部长陈宝生提出"课堂革命"的口号，指出传统课堂无法破解全面发展问题、教师职业幸福和个人专业成长问题、学生素质和应试水平同时

提高问题，课堂革命要坚持"一个中心，两个基本点"，即以学生为中心，以"素质教育在课堂""教为学服务"为两个基本点。2022年4月，教育部颁布了《义务教育课程方案和课程标准（2022年版）》，这是我国基础教育领域的一件大事，对推进新时代义务教育课程改革具有重要的指导意义。新课程方案和课程标准，完善了培养目标，优化了课程结构，细化了课程实施的要求。新课程标准还特别提出了学业质量标准。它依据核心素养发展水平，结合课程内容，整体刻画不同学段学生学业成就的具体表现，形成学业质量标准，以引导师生共同把握和完成教学目标。对照新课程方案和课程标准，我们可以发现，共学式课程的理论与实践，同新课程方案、新课程标准的精神与要求十分契合。共学式课程中坚持素养导向、强化学科实践、推进综合学习与新课程方案、新课程标准的要求相一致。

二、课型阐述：学生课堂学习需从形式化走向真实化

德国教育家斯普朗格说："教育的本质作用有三个，即发展的养护，文化的传递，心灵的唤醒。"在新一轮课改浪潮涌动的今天，着力于"共学式"课堂教师团队的建设，传递新课改文化，唤醒教师创新的能力，才能真正促进学生的发展。

在"共学式课堂"实施过程中尤其注意引导教师树立共同的奋斗目标，在"共学式课堂"的研究探索过程中，教师团队协调配合，步调一致；在遇到教育难题的时候各尽所能，互助共进；在教育创新探究的时候，集中智慧，大胆实践。提升"共学式"课堂教师团队素质要根据"共学式"课堂建设规划，制定"共学式"课堂教师成长阶段目标，促进教师团队一步一个脚印，扎实提升专业素养。从"写好'共学式'教案"到"执教'共学式'展示课"，再到"上好'共学式'家常课"，"申办'共学式'活动项目""设计'共学式'校本课程"，教师在阶段性目标引领下，一点点打开视野，接受新课程理念，实践"共学式"课堂，稳步提升素养。

"共"字始见于甲骨文，其形如双手捧器供奉。《玉篇》中将"共"释为"同也，众也"。"共学式"课堂可看作学习的一种方式，强调教师和学生一起学习、共同生长。"学"最早见于甲骨文，是两只手朝下的形状，有两手帮助、扶掖、提携、教导之意。学是课堂的中心，要让学生立足于思考、质疑、探究等各种学习方式，启发智慧，做到会学、慧学、惠学。

因此，共学式课堂在义务教育课程改革中具有鲜明的前瞻性、先进性和创新性。更为重要的是，学校落实立德树人的根本任务需要从课堂开始。学生的核心素养需要在自主、共学、探究的课堂中生成，需要在活泼生动、积极踊跃、深度思考的课堂中生成。课堂上，学生展现出自然的生命状态，获得对学习、对生活的充分自信，凝聚对未来、对国家、对民族的憧憬和热爱，才可能成长为幸福的、有尊严的人。共学式课堂立足于人的发展，让学生在共同学习中建构人与人

之间的相互支撑关系，以及人内部的自我支持系统，从而实现全面发展、终身发展。

传统课堂往往是为应试教育服务的，是"以教师为中心"的传统模式（如图4-1所示），其目标是知识掌握；新理念下的课堂是"以学生为中心"的交流式教学模式（如图4-2所示），其目标是培养"综合应用能力"，强调以学生为主体，学生是教学过程的参与者和创造者，教师是教学活动的组织者和参与者。

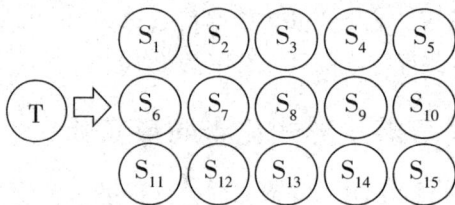

图4-1 传统课堂   图4-2 新式课堂

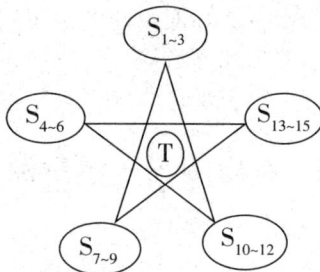

而新理念下的共学式课堂则更加强调教学与学习中的共学、交流、讨论、互助。在学生、教师组成的学习圈中，教师承担任务设计、活动组织、指导、参与、监督、考核等责任，同时也跟学生一起学习；学生处于学习圈的中心位置，切实贯彻了"以学生为中心"的原则，同学和教师同时扮演着共学者的身份。共学式教学模式实现了将传统教学中师生之间单向或双向交流转变为师生、生生之间的多向交流，使学生有机会相互切磋、与小组成员共学解决问题，从而构成了一种互相学习、互相帮助、互相影响的和谐轻松环境（如图4-3所示）。

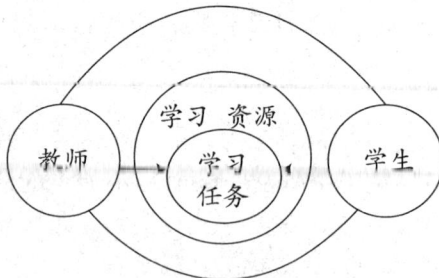

图4-3 共学式课堂

共学式课堂注重变革育人方式，突出实践，深化课程、生产劳动与社会实践的结合，充分发挥实践的独特育人功能。在共学式教学过程中，学校重视在真实情境下运用知识解决问题。无论是共学式问题的设计，还是共学式练习的反馈，教师都立足情境，促进学习的真实发生。共学式课堂突出学科思想方法和探究方式的学习，倡导自主、共学、探究相结合的学习方式，重视知行合一、学思结合，着力实现"做中学""用中学""创中学"。师生围绕一个共学点查阅资料、设计路径、深入探究，进行延展性、拓展性学习，是"共学式"课堂的常态。不管对哪个学科，师生在学习知识的同时，往往进一步思考如何将这种知识与生活实际相融合。

三、课型优势："三位一体"综合发展，聚焦以学习为中心

共学式课堂以对学生未来能力的培养为基点，以学习为中心，以"共问""共情""共生"为主要特质，让教师与学生共同体验、共同成长。这种课堂是基于学习共同体组织的、以学习为中心、聚焦学生最近发展区并着力于文化建构的课堂，是注重教师、师生、学生之间的交往，并将学习视为社会化行为的课堂。

共学式课堂的四个特征十分明显，以问题为学习的起点；问题以劣构问题为佳，且最好结合理论与实务；以小组共同学习为主，在小团队内实施效果更佳；学生的一切学习内容是以问题为主轴框架，重视学习过程，而不是知识的记忆；学生承担学习责任，教师担任催化者和学习促进者的角色，指导学生认知学习技巧；学习成效的评价是多元化的。因此可以归纳共学式课堂的实施要点如下：

一是聚焦能力，推动学生全面发展。共学式课堂立足于人的发展，建构人与人相互支撑的关系，促进人内部自我支持系统的形成，使学生展现出充盈自然的生命状态，获得对学习、对生活的充分自信，从而提升综合能力。

二是着眼未来，促进课堂文化建设。共学式课堂基于学生未来能力的培养，以培育人的可持续发展力为着眼点，打造"融通共学式"的初中课堂教学新样态，在"共融""共情""共生"中推进课堂文化建设。

三是立足创新，深化区域教学改革。共学式课堂着眼于学生核心素养，与新课改一脉相承，呼应"五项管理"，主动寻求变革；在"自主学习""共学探究"等方面进行深入探索，形成符合学生发展规律的课堂文化，丰富课改内涵，推动区域课堂教学改革。

四是注重平等，推动教育公平发展和质量提升。共学式课堂坚持以学生为中心，以学生的共同发展、共同成长为导向，通过学习过程中的共同分担、共同分享，让学习共同体中的每一个成员获得同样的话语权，促进每一个学生个体的发展，更好地推动教育公平的实现。

共学式课堂的实施是一个系统过程，是教师与教师、教师与学生、学生与学生共同学习、共同成长的过程；是一种学习状态，是教师和学生目标明确、情感交融、任务共担、理趣相生、愉悦幸福、共同沉醉的状态；是一种人生境界，是"安其学而亲其师，乐其友而信其道"，是人与人之间平等、尊重、理解、向美的境界；是使共学式课堂中的每一个个体都积极投入、每一个生命都挺拔昂扬、

每一个时刻都热情幸福、每一天都充满期待。共学式课堂中，教师是教学的引导者、问题的承启者，是与学生关系平等的课堂参与者，与学生共同学习；学生是课堂的主动构建者，课堂的所有活动都是基于学生的学，都是为了学生的学。共学式课堂的学，立足于引导学生思考、质疑、探究，重在培育学生的思维能力、表达能力、创新能力；共学式课堂的学，指向启发学生智慧，让学生学会学的方法，培养其终身学习能力；共学式课堂的学，让学生学会为人，成为仁德之人、有信仰之人、传承中华民族精神之人。学习是人们实现社会化的一种方式，共学式课堂基于学习共同体组织，以学习为中心，着力于文化建构的课堂，注重师生、生生交往。

共学课堂教学形式强调教学中师生的相互作用、共同学习，强调学生学习的主体地位。以学习共同体理念构建共学式课堂是课程改革的要求，也是满足学生学习的课堂模式。

共学式课堂与传统课堂有许多不同，其中最大的不同就在于其创新班级构建方式，以小组学习共同体为班级基本单位，小组成员构成可以是"学生＋学生"，也可以是"学生＋教师"，小组内采取"学科小导师"制度，形成学习共同体成员之间相互协作、共同学习的良好氛围，提高学生的领导能力、共学能力、沟通能力。同时，共学式课堂在推进的过程中，关注学生的学习体验，通过召开座谈会、交流会等形式，多维度增强生生、师生之间的情感流动，让个体更具共情能力。打造基于"共学式活动"的特征鲜明的共学式课堂样态。学校则可以结合学生特点和发展特色，制定共学式课堂实施路径，在"共问""共情""共生"的过程中，让师生共享学习过程，互相滋养、共同生长，形成具有"共学式"特色的课堂文化。可以通过"共情—共疑—共研—共练—共知—共评"流程细化为"情境激趣，有效先学""小组共学，探究新知""师生共学，质疑互动""归纳呈现，实践创新"等系列共学式课堂活动，引导学生将所学知识运用于实践，并基于此使学生学会创造性地解决问题。

依据以学为中心的理念，立足学的方式、指向学生未来能力的培养，是共学式课堂的特质，也是我们坚守的初心。共学式课堂不只是聚焦当下知识与技能落实的课堂，更是着眼未来能力与素养发展的课堂。其让学生通过今天的共学式学习经验，获得终身学习的能力。相较于基础知识和技能，共学式课堂更注重学生获取知识的过程和元认知能力的发展。无论是共学点的设计，还是课堂活动的推进，共学式课堂都引导学生独立探究、思考、对比、分析、讨论、验证，从而获得发现问题、分析问题、解决问题的能力，培养学生的高阶思维和技能，为其未来发展奠定基础。

主题 2

共学式课堂的实施要点

共学式课堂视域下的学为中心教学，以新课程标准为导向，着眼于学生的发展，以师生活动为载体，实现课堂的自主化、生活化、情感化，培养学生包括思维能力、创新能力在内的综合能力，培育学生灵性，完善学生个性，丰富学生智慧，使学生的智慧与教师的智慧同构共生。共学式课堂理念下的智慧教学不是狭义的智力课堂、智能课堂，而是一种激情与智慧相伴、科学素养与人文素养相随、充满活力和创造力的课堂教学模式。

共学课堂是新课程理念实践的新样态，具体表现在：其一，教师立足于学生的学进行多轮备课。备课时教师站在学生的立场，假设课文的问题，设计解决方案。其二，让学生带着强烈的问题意识进行课前预习，让学生带着有质量的问题进入课堂。其三，在课堂中，师生、生生进行共学式学习。师生围绕问题进行共学，充分交流讨论，相互设疑、质疑和解疑。在整个课堂教学中，师生均可成为问题设计者、讨论组织者、探究深化者、即时点评者。其四，打破学科壁垒，建构"融通共学式"的课堂新样态。为此，关注学科内部的融合和学科之间的融合。所谓关注学科内部的融合，即关注学科学习内容和任务的相互关联、相互渗透、有机整合，以此避免学科学习内容和任务的单一化、片面化。所谓关注学科之间的融合，是指学校在课堂教学实践中关注某一具体学科和其他学科的密切关联，努力实现不同学科内容的互补与互通。学校建立教研组、备课组联通交流机制，以有效实现共学式课堂中学科之间的有机融合。其五，以建设项目课程为抓手打造共学式课堂的新样态。项目课程是通过整合多种课程资源，以任务群方式进行课程教学，从而增强学生学习的贯通性和整合性。项目课程的一个重要特点是赋予课程教学的研究性。这将学校的课程建设和课程改革推向深入，也赋予共学式课堂更高的价值。从学生学习特点和发展规律出发，结合学科特征，探索形成"共情—共疑—共研—共练—共知—共评"为主要流程的共学式课堂实施路径，如图 4-4 所示。

	共情	共疑	共研	共练	共知	共评
教学流程	情境引入 有效先学	小组共学 探究新知	师生共学 问题解决	当堂检测 共同训练	总结共学 实践提升	依据目标 过程评价
教师 引领	确定目标 方法指导	思维指导 方法点拨	思维拓展 素养提升	个别指导 方法提炼	辨析归类 反思提升	依据标准 双向评价
师生 共 学						
学生 主体	明确目标 独立先学	信息加工 共学共研	问题质疑 学有所得	一题多解 交流展示	有效建构 共学成果	复盘意识 回顾提升

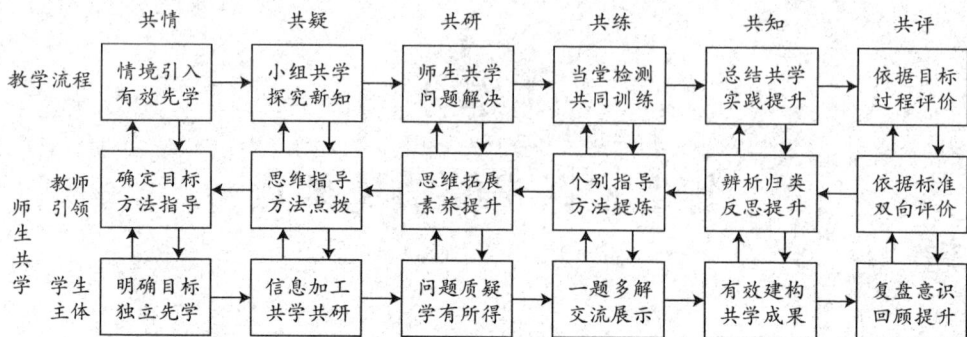

图4-4 共学课堂操作路径示意图

一、共情：情境导入、设疑激趣

共学式课堂下，学生是核心和主体，这就要求学生预学、先学，才能实现以学定教，让教师的教服务于学生的学。因此，教师要在正式课程开始之前，依据课程内容来设计导学案和预学单，并在学习平台上传微课视频来作为学生自学的辅助性资源，以此来引导学生进行课前预习和自学，让学生能够做好学习的知识准备。针对学生导学案、预学单的完成情况，教师可以了解具体学情并进行教学调整，实现精准教学。有效先学共情环节是教师引导作用的集中体现，也是共学式课堂的关键环节。教师设计有效先学思考题，激发学生的好奇心和求知欲。有效先学的过程是学生自主学习能力提升的重要阶段，也是明确学习目标、巩固旧知、为新知探究做好铺垫的重要过程。教师设计的有效先学思考题，既要建立在学生已有知识的基础之上，也要符合学生的"最近发展区"，还要指导学生学会使用独立先学的方法。学生因而能够运用适当的方法自习，实现自我提升，激发新课学习的兴趣。

二、共疑：师生共学，质疑互生

共疑环节是学习汇报和思维提升的环节，也是师生共学式教学的重要体现。各小组（尽量全员参与）以多种形式（白板演示、画图讲解、投影说明等）向全班汇报本组的学习情况，并摆出本组不能解决的问题，邀请其他小组共同研学。其他小组一起质疑问难、争论答辩、修正补充，充分展示小组的思维，加深对问题的理解。在这个过程中，教师和学生共同研究讨论，并在学生思维凝滞处、争论不休处、骑虎难下处进行适当的点拨和启发。小组围绕共情环节中教师设计的有效先学思考题进行讨论交流，解决问题。由于学生知识基础、学习习惯、领悟能力等方面存在一定差异，每个人在有效先学环节中的收获也有一定差异，对问题理解的深度、广度、角度不同，这为小组共学式创造了条件。启学强调用问题来启发学生的思维和思考，让学生在探究中生成知识和经验。所以，数学教师要做好课堂的预设，依据课程的关键内容，来巧妙设置教学问题，使其成为课堂的"悬念"，引发学生的求知和探究欲望，促使学生在教师的点拨指导之下展开主动思考和学习，明确学习的方向，主动参与到课堂教学之中，实现智慧学习。

共疑的核心聚焦在思维，共学式课堂以学习者为中心，以任务或问题为统领，以思维发展为目标，以观念、能力、价值观为指导，通过师生共同深入体验，经过感知、论证、构建、验证等多个学习环节，采用创设情境、获取感知、聚焦问题、提出猜想、实验探究、论证观点、体验规律、归纳概念、总结观念、再创情境、应用观念、迁移观念12个步骤，通过正负迁移反馈对思维内容、方法、过程、品质实施监控，逐步形成"一课一任务，四环十二步"的思维培养策略（如图4-5所示）。

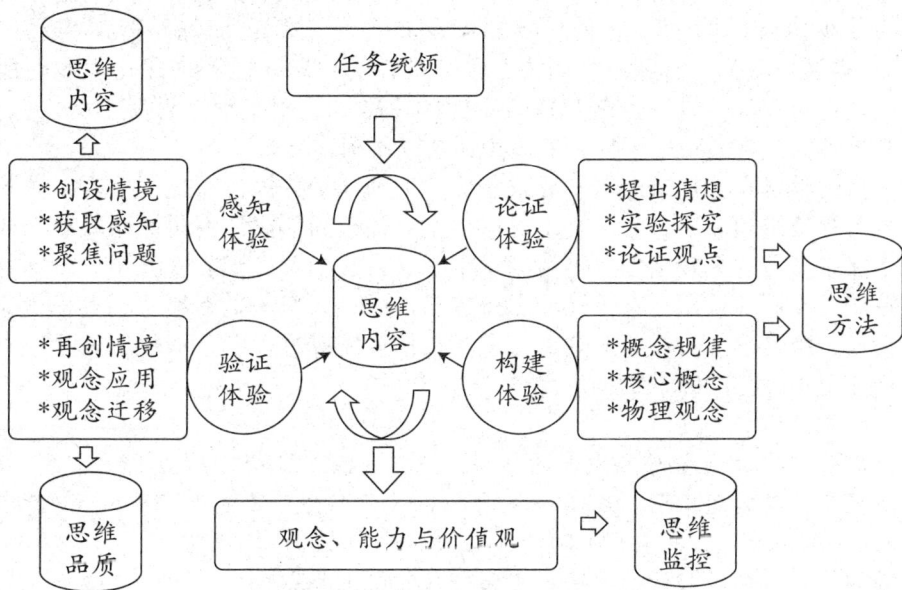

图4-5 共学式课堂的思维培养策略

三、共研：分组模式，探究学习

共研学习是构建共学式课堂最为直接的途径和方式。教师要了解班级学生的具体学习和发展情况，在坚持同组异质、异组同质的原则下，将学生们划分为几个小组，进而利用多媒体将课前所反馈出的问题进行展示，以此作为小组共学的任务，引导学生在组内展开讨论交流，探究解决问题的方法。

在此过程中，教师要进行深入观察、共同参与，对学生进行质疑点拨，从而真正达到智慧共享，构建智慧课堂。小组内成员进行交流，相互协助，共同研究，建构新知。在这个阶段，学生带着自己的疑问参与小组内的学习，围绕同伴提出的问题，发表自己的看法，供大家讨论评析；听取他人的意见，开拓自己的思维，完善对新知识的理解；经过充分讨论，达成共识，整理思路，以备全班交流。在这个过程中，所有小组内的每个学生都要进行充分交流。教师充分尊重学生的主体地位，把时间和话语权交给学生，并参与各个小组的讨论，观察小组研究的方法并帮助改进，了解各个小组的疑难问题，调控小组研究的方向和时间，实现小组研究的高效进行。

四、共练：分层设计，训练巩固

当堂解题训练，是共学式课堂下"共知"的有效体现，侧重于巩固学生知识理解，提升学生的解题能力。教师不能只局限于理论知识的传授和讲解，而是要适当减少讲解的时间，基于基础知识来布置当堂解题训练，真正实现"用学"。值得注意的是，教师一方面要布置基础性的习题，以此来深化学生对所学知识的认识与理解，另一方面布置有难度的习题，让学生动脑思考、深入探究，促使学生不断超越最近发展区，实现思维进阶提升。

学生的学习并不是只停留和局限在课堂上的几十分钟，而是一个连续性的过程，从课堂延续到课后，才能真正促进学生对知识的掌握与内化。而课后作业是对学生课堂学习的有效延伸，能帮助学生确立自我学习目标。这就要求教师从根本上转变对作业的认识，不再采用题海战术，而是依据学生兴趣、层次来优化作业的设计，提升学生对作业的热情，主动在作业完成过程中，消化、内化课堂知识，构建更加完善的知识结构体系。

在学习"实际问题与一元一次方程"时，以直线路程问题展开教学，并为学生布置了以下例题，甲、乙两人相向而行，已知甲、乙相距50km，甲骑车每小时骑行14.5km，乙骑车每小时骑行11.5km。

问题一：需要多长时间，甲、乙第一次相距10km？

问题二：需要多少时间，甲、乙相遇？

问题三：需要多长时间，甲、乙第二次相距10km？

这道题更符合学生的思维发展，从第一个问题出发，逐渐提升问题难度；引入"第二次相距"这一情况，学生需要思考；第二次相距的时间与距离，可帮助学生形成更加严谨的学习思维。

五、共知：总结归纳，建构创新

共知环节是对课堂的回顾、反思和总结，也是巩固、提升和积淀。教师引导学生辨析、归类，形成思维导图或知识树，完善自己的知识结构，从而完全掌握知识。最终，学生的综合概括能力、抽象思维能力、语言表达能力得以提升，能够将所学知识运用于实践，创造性地解决问题。

教师在"概率单元"的"频率估计概率"的课堂小结阶段提出问题："你能从收获、困惑与好奇等方面回顾本节课的学习过程吗？"教师带领学生一起回顾本节课所学主要内容，从收获、困惑与好奇等角度对课时学习进行回顾。并布置课后任务完成"投一枚图钉，估计出'钉尖朝上'的概率"试验。教师通过及时地归纳小结，巩固频率的稳定性规律知识和用频率估计概率的方法激发学生好奇心与探索欲的课后任务，使得课堂最终是开放的而非封闭的。本设计根据九年级学生的认知基础和规律，分析学生学习可能会产生的问题或薄弱环节，有针对性地设计体验式教学，将凝结在数学概念中的数学思维打开，以若干典型事例为载体，引导学生分析事例特征，抽象概括出本质属性从而获得概念。本节课让学生对两个特殊随机事件进行分析，即从已知概率的抛掷硬币和未知概率的摸球试验中亲身体验，认同并最终归纳出频率与概率之间的关系。本节课各环节设计浑然一体，结构严谨，环环相扣，主题明确，突出学生对知识形成过程的体验和数学思想的感悟。

六、共评：自评互评，主体多元

共评是共学式课堂的重要环节和最后阶段，能够为教师提供改进、优化教学的方向和依据。对此，教师要明确智慧教学的内容和构成，进而明确评价对共学式课堂、智慧教学的意义，关注学生在整个共学式课堂中的具体表现、学习态度和学习成果，保证评价的过程性，将评价及时记录或上传到智慧教学平台中，记录学生成长、发展的过程。教师还要确保评价主体多元化，实现学生自评、互评，帮助学生更好地查漏补缺，激励学生的共同发展与进步。

在"统计图表单元"运用"华语键盘项目"一节课中设置各阶段评价量表。

阶段任务：键盘设计的历史经历了哪些阶段？键盘布局中的统计学奥秘调查。

提供资源：涉及键盘发明史的一些视频。

成果形式：展示调查学习后制作的小报、PPT或视频。

借助"拼图法"生成评价内容标准，即每个小组由一个组长统筹，其他组员领取一个评价维度，领取同一评价维度的成员组成专家团队，研讨生成该维度的评价内容标准。然后回到自己组内相互交流，形成一份完整的评价量表。阶段性展示评价如表4-1所示。

表4-1 键盘简史汇报展示评价量表

组内角色	评价维度	自我评估
A_1	在发展史层面，我们学到了什么？	
B_1	在知识层面，我们发现了哪些数学知识？	
C_1	在解决问题（展示）层面，我们用到了哪些技能？	
D_1	在个人成长与团队共学方面有哪些收获与改进？	

方案设计：

小组共学检验排列的合理性。设计华语键盘方案，将方案图文结合写在下列空白表单内，如表4-2所示。

表4-2 华语键盘设计方案

步骤	所需知识及设计要点	过程记录
数据的收集与整理	①选择样本，统计数据。 ②通过网络，调查数据。	
数据的呈现与描述	③利用 EXCEL，绘制统计表。 ④直观呈现，绘制统计图。	

主题3

课型范式案例

注：本课内容为"邮票的张数"。

一、前测精准共情

"邮票的张数"是单元的第一课时，主要任务是通过解决姐弟二人的邮票张数问题，会分析简单的实际问题中数量相等关系，学会解"$ax+x=b$"的方程，会用方程解决简单的实际问题，进一步理解方程的意义。

学生是学习的主人，在学习本节课之前，学生的现实起点又是什么呢？我们对五（5）班41名学生进行了前测，结果如表4-3所示。

问题一：白兔是黑兔的5倍，黑兔和白兔一共有18只，黑兔和白兔各有多少只？

表 4 - 3　问题一前测结果

算数（30）						方程（11）		
正确			错误			会设会列会解	不会设会列会解	会说理会设但没列没解答
算式	算式图式	列表尝试	空白	只有图	列式错误			
12	6	2	3	3	2	5	6	1

从上面的数据分析中不难看出，面对稍微复杂的数学问题，不同的学生会有不同的思维策略，73.2%的学生思维仍然以算术思维为主，26.8%的学生具有一定的代数思维，其中22%的学生能够自觉运用图形表征数量关系，帮助理解。

问题二：能用列方程的方法解决这个问题吗？请试着写一写，结果如表4 - 4所示。

表 4 - 4　问题二前测结果

会设会列会解	不会设会列会解	会设不会列不会解	解设错误	空白
21	9	2	1	8

从以上数据可以看出：学生在明确解题要求以后，有51.2%的学生能运用方程模型解决问题，26.8%的学生代数思维模糊，22%的学生不具有运用代数思维解决问题的能力。

基于以上前测，我们基本掌握了以下的学情：

（1）面对新的情境，学生具有不同的思维方式和思维能力，但算术思维占主导。

（2）当解决问题的要求特别明确时，学生具有运用代数思维解决问题的能力。

（3）面对新的情境，大部分学生没有用代数思维思考解决的积极性与主动性，学生的代数思维亟待发展。

面对学生有方程能力，但方程意识薄弱的学习现实，结合课标的要求，我们在"相等"这个学科大概念下提炼本单元的教学具体观念。

（1）未知量可以用字母来表示。

（2）在已知量和未知量之间建立等量关系，列出方程。

（3）用等式的性质解方程。

根据学情和单元大观念制定本节课的 TUKE 教学目标：

T 目标：利用转化的思想，我们可以把含有两个未知数的实际问题转化为含有一个未知数的实际问题进行解决，同样也为解决含有三个未知数的实际问题提供了一种解决思路。

U 目标：在解决含有两个未知数的实际问题时，可以运用其中的一个等量关系设未知数，利用另外一个等量关系列方程。等式的性质是解方程的依据。

K目标：能根据已知条件列出等量关系，能根据等量关系设未知数、列方程，能运用等式的性质解方程。

E目标：在解决实际问题的过程中，感受方程的思想和价值，养成独立思考、主动与他人合作交流、反思等良好的习惯。

二、关键问题共疑

遵循问题解决，坚持问题导向，设定关键问题。

大观念的落实必须由大情境创设、大任务驱动、大问题引领，保证所有学生能低门槛进入、大空间发展、多层次提升。本节课我们的核心任务是探索、掌握、解决含有两个未知数的实际问题。基于这个核心任务，我们以姐姐弟弟的邮票数量为生活情境，设置三个结构化的数学问题，（出示题目）前两个指向解决含有一个未知数的实际问题，第三个问题指向含有两个未知数的实际问题，引导学生对比分析，感悟含有一个、两个未知数的实际问题的结构特征，为未来学习含有三个甚至多个未知数的实际问题奠定迁移基础。

围绕结构化的问题情境，我们设置五个关键问题，帮助学生形成用大观念指导思考的策略。

这样我们就以三个观念为引领、三个情境为依托、五个关键问题为支架建起了本节课的认知结构，如表4-5所示。

表4-5 认知结构

单元观念	问题情境	关键问题	目的
1. 未知量可以用字母来表示。2. 在已知量和未知量之间建立等量关系，列出方程。3. 用等式的性质解方程。	1. 弟弟有邮票20张，是姐姐邮票张数的2/3，姐姐有邮票多少张？	1. 用方程解决问题的一般策略是什么？	唤醒观念
		2. 你能找出并表示出题中的等量关系，尝试列出方程吗？（你还能列出其他的方程吗？）	迁移观念理解观念
	2. 姐姐有邮票100张，比弟弟的2倍多10张，弟弟有多少张邮票。	3. 你能选择一个方程，试着求出姐姐弟弟各有多少张邮票吗？	迁移观念理解观念
	3. 姐姐的邮票张数是弟弟的5倍，姐姐和弟弟一共有140张邮票，姐姐弟弟各有多少张邮票？	4. 对比两个方程，想一想怎样可以列出更为简单的方程？	深刻观念
		5. 对于解决含有两个未知数的实际问题，你又有了怎样的认识呢？那面对更多的未知数呢？	完善观念

三、学习过程共研

坚持学生立场，落实学本理念，构建共学课堂。

数学课标 2022 版在教学建议第三条中明确提出：改变单一讲授式教学方式，注重启发式、探究式、参与式、互动式等，根据不同的学习任务和学习对象，选择合适的教学方式或多种方式相结合，组织开展教学。

学本教学理论告诉我们：学习要以学生为本、以学生的学习为本、以学生的发展为本，自学、互学、展学、评学是学生学习的重要方式。

我们的共学课堂所追求的是让学生与教科书对话、与同伴对话、与自己对话，学习是面对新的情境发出的挑战与冲刺。

根据以上的认识，我们对关键思考问题进行学习任务序列分解（如表 4-6 所示），做到用合适有效的方法促进课堂教学转型、助力学生学习力的提升。

表 4-6 学习任务序列分解

关键问题	具体任务序列	学习方式
1. 用方程解决问题的一般策略是什么？	1. 用方程解决含有哪未知数的实际问题？	独立思考 个人展学 归纳总结
	2. 归纳用方程解决问题的观念。	
2. 你能找到并表示出题中的等量关系，尝试列出方程吗？	3. 找到并表示出等量关系，列出方程。	独立学习 个人展学 互动交流 归纳总结
	4. 你还能列出其他的方程吗？	同伴讨论 小组展学 反思归纳
3. 你能选择一个方程，试着求出姐姐弟弟各有多少张邮票吗？	5. 选择一个方程解答。	独立解答 个展评价 归纳总结
4. 对比两个方程，想一想怎样可以列出更为简单的方程？	6. 对比两个方程，想一想怎样可以列出更为简单的方程？	独立思考 交流展示 归纳总结
5. 对于解决含有两个未知数的实际问题，你又有了怎样的认识呢？那面对更多的未知数呢？	7. 对于解决含有两个未知数的实际问题，你又有了怎样的认识呢？那面对更多的未知数呢？	交流反思 归纳迁移

四、学习成果共知

坚持学、评、教一体化，见证学力成长。

通过三个学习观念的步步为"赢"引领、三个内容结构化的设置、五个关键问题螺旋式推进、七个学习任务的序列化实施、五个学习方式的灵活运用，就形成了"33575"的课堂施工图，如表4-7所示。

表4-7 "33575"课堂施工图

单元观念	问题情境	关键问题	目的	具体任务序列	学习方式
		1. 用方程解决问题的一般策略是什么？	唤醒观念	1. 用方程解决含有哪一个未知数的实际问题？ 2. 归纳用方程解决问题的观念。	独立思考 个人展学 归纳总结
1. 未知量可以用字母来表示。 2. 在已知量和未知量之间建立等量关系，列出方程。 3. 用等式的性质解方程。	1. 弟弟有邮票20张，是姐姐邮票张数的2/3，姐姐有邮票多少张？ 2. 姐姐有邮票100张，比弟弟的2倍多10张，弟弟有多少张邮票？ 3. 姐姐的邮票张数是弟弟的5倍，姐姐和弟弟一共有140张邮票，姐姐弟弟各有多少张邮票？	2. 你能找出并表示出题中的等量关系，尝试列出方程吗？（你还能列出其他的方程吗？）	迁移观念 理解观念	3. 找到并表示等量关系，列出方程。 4. 你还能列出其他的方程吗？	独立学习 个人展学 互动交流 归纳总结 同伴讨论 小组展学 反思归纳
		3. 你能选择一个方程，试着求出姐姐弟弟各有多少张邮票吗？	迁移观念 理解观念	5. 选择一个方程解答。	独立解答 个展评价 归纳总结
		4. 对比两个方程，想一想怎样可以列出更为简单的方程？	深刻观念	6. 对比两个方程，想一想怎样可以列出更为简单的方程？	独立思考 交流展示 归纳总结
		5. 对于解决含有两个未知数的实际问题，你又有了怎样的认识呢？那面对更多的未知数呢？	完善观念	7. 对于解决含有两个未知数的实际问题，你又有了怎样的认识呢？那面对更多的未知数呢？	交流反思 归纳迁移

　　学生是否感悟理解内化迁移大观念，学习的效果如何？经过课堂观察，我们从课堂问题的指向性，可以看出学生理解观念深刻性的发展。从学生的展学评学，可以看出概念理解迁移的灵活性。从当堂检测90%的正确率，可以看出观念形成、学科素养落地的实效性。

　　通过这节课，我再次感受到以学习为中心观念引领的共学课堂带给学生思维发展的解放力，感受到共学方式助力学习理解的震撼力，也更加坚定了我们走共学之路、建共学课堂的信念和决心。

专题五

以学习为中心的问学式课堂：
碰撞与共鸣

　　问学式课堂就是以"问"为起点，在教师的引导帮助下，通过学生的质疑、探索、求解，促进学生循序渐进、主动学习的教学方式。问学课堂着眼于"学习"和"问题"，努力解决传统课堂教学过于关注学习结果而忽视学习过程、过于关注教师教而忽视学生学等问题，回归学习本质。

在新课改全面实施的背景下，传统的教学模式已不能满足学生的实际需求，这促使教师急需从传统教学模式中脱离出来，做好教育方法的创新与改进，彰显学生的主体位置，以学生为中心开展对应的教学活动。

我国著名教育家陶行知先生曾说："发明千千万，起点是一问。"古往今来，学生的学习就是在不断发现问题中解决问题，又在解决问题的过程中不断发现新问题。没有问题就没有学习，有了问题人们才有探索的欲望和内驱力。"问"和"学"是一个有机的整体，二者决定了教师课堂教学的有效性。好问又是小学阶段学生的天性。因此，作为教师要守护学生"好问"的天性，引导学生从"好问"变成"好学"。问学课堂就是在这样的发展目标下提出的。

主题 1

问学课堂概念、价值优势

一、什么是问学课堂

问学课堂就是以"问"为起点，在教师的引导帮助下，通过学生的质疑、探索、求解，促进学生循序渐进、主动学习的教学方式。问学课堂着眼于"学习"和"问题"，努力解决传统课堂教学过于关注学习结果而忽视学习过程、过于关注教师教而忽视学生学等问题，回归学习本质。问学课堂将"问"和"学"相互融合，尊重学生的认知发展规律，形成了一种师生之间互为推动、相辅相成的教学过程，即在学习中师生互相提问并通过问题的引导和解决来促进学生学习，以此来培养学生的思维能力、解决问题的能力，激发他们的学习兴趣和学习动力，以实现全面素质教育的培养目标。

二、问学课堂的价值优势

1. 激发好奇，点燃求知之火

爱因斯坦曾说，"提出一个问题比解决一个问题更重要"。好奇心是人类探索世界和获取新知识的动力之一。在传统的教学中，学生往往只需要记住和重复教师所讲的知识，而在问学课堂中，学生对将要学习的内容有自己的认知与建构，当所学知识与已有的知识结构发生冲突时，学生内在的问题就产生了。问学课堂以"问题"为出发点，通过学生自主提问和探索来点燃学生的求知欲。在问学课堂中，学生被鼓励提出问题、积极思考，并通过实践和探索来寻找答案。这种自主学习的方式能够激发学生的内在动力和求知欲望，使他们更加主动地参与学习，不断追寻新知识。此外，问学课堂通过提高学生的参与度和学习动力，进一步点燃他们的求知欲。在问学课堂中，学生不再是被动接受知识的对象，而是积极参与问题解决的过程。他们在探索和实践中，不断积累新的经验和知识，从而获得成就感和满足感。这种积极的学习体验会加强学生对知识的渴望和追求，激发他们持续学习和不断探索。

2. 探索实践，提升思维能力

问学课堂构建了一种问题驱动的学习模式，使学生从倾听者变成实践中问题的探究者和解决者。这种教学方式的中心是针对问题的探究活动，当学生面临各种让他们困惑的问题时，要进行各种猜测，想方设法寻找问题的答案；在解决问题时，要对问题进行归类、推理、分析，找出解决问题的方向；最后通过讨论和交流，进一步澄清事实，发现新的问题，对问题进行更深入的研究，进而解决问题。问学课堂着力建构这种问题驱动的学习模式，以问题为起点，注重思维深化，鼓励学生思考、分析、推理和解决问题。这种主动性和参与度高的学习方式，让学生在不断的探索中获得知识和技能，并锻炼了批判性思维、创造性思维和解决问题的能力。这种培养学生创新思维和解决问题能力的教学方式，为他们的未来发展奠定了坚实的基础，促使他们成为有创意和有能力应对现实挑战的全面发展的个体。

3. 学会合作，增强团队精神

"学会学习，学会创造，学会合作，学会生存"是21世纪教育的主题。问学课堂在促进学生之间的合作和增强团队精神方面具有多重效应。首先，问学课堂以问题为导向，鼓励学生之间进行探究式学习，这为学生提供了共同合作的机会。在这个过程中，学生需要共同思考和讨论，提出问题，收集信息，并找出解决方案。这种合作学习的氛围培养了学生们的团队意识和团队精神，他们学会了分享知识、倾听他人的观点，并通过合作实现共同目标。同时，问学课堂注重学生之间的互助和批判性思维。学生们在问学课堂中需要相互倾听、理解和评价对方的观点。他们学会了接受不同的观点和意见，并通过批判性思维的运用，进行更加深入的讨论和辩论。通过彼此之间的合作，学生们可以相互补充和启发，从而达到更好的学习效果。总之，问学课堂通过问题导向的学习方式，鼓励学生之间合作和互动，在实践中培养团队精神。学生通过互相讨论、合作研究和交流思想，培养了团队合作和协作能力，并通过共同努力实现学习目标。这种合作学习的方式不仅能够加强学生之间的沟通和联系，还能够培养他们的合作意识和团队精神。

4. 促进对话，增进师生关系

问学课堂作为一种教学方式，不仅可以提升学生解决问题的能力，同时也能够增进师生之间的关系。在问学课堂中，教师不再是单纯的知识传授者，而是问题的引导者和学习的合作者。他们鼓励学生提出问题、表达观点，并给予积极的反馈和指导。这种问答的交流互动可以提高师生之间的沟通效果，促使教师更好地了解学生的需求和困惑，同时也使学生感受到教师的关心和支持。此外，问学课堂激发了教师和学生之间的相互学习和相互启发。在问答和讨论的过程中，教师和学生可以共同探索和发现知识，相互交流和分享观点。教师通过学生的问题和观点也可以获得新的思考和启示，而学生则从教师的解答和指导中获得新的知识和见解。学生在自由提问和探索的过程中，敢于表达自己的观点，教师也乐于倾听和尊重学生的声音。这种平等的参与使得师生之间的关系更加平衡和融洽，可让学生感受到自己在学习中的重要性。这种教学氛围也会让学生更加愿意参与课堂，充分展示自己的才华和能力。

主题2

问学课堂的三个契机

问学课堂，是坚持"学生为本"，以"问"和"学"为主的课堂。它强调以"问"为主线，此问非教师一味地"导问"，而是学生"自问"。其核心在于激发学生的质疑思维，并将质疑"问出来"，从而进行有针对性的"学"，在"问"和"学"的双重作用下，学生不断解决所提出的问题，从而实现知识和技能的熟练掌握。

在问学课堂施教中，教师要让学生清楚地认识到，提问的目的是明晰学习思路，解决关键问题。任何一个问题，想要得到答案，都需要时间。因此，在提问的过程中，教师要注意三个时间节点。一是课前，要求学生预习提问，这类提问能挖出学生学习的困惑点与难点，帮助教师"诊断"教学内容，以学定教，实现"以问预学"。二是在上课时，教师创设问题情境，引导学生多多提问，此类问题能使学习进入更深层次，或解决更难的问题，推动"以问导学"，进阶知识探索之路。三是课后，教师鼓励学生依据所学内容，从新视角、新维度出发进行开放式提问，这类提问是对知识的巩固与扩展，有一定的概括性与启发性，帮助学生实现"以问拓学"。综上，便是"以问预学、以问导学、以问拓学"问学课堂的基本模式。

在问学课堂中，"问"既是起点，又是过程，更是目的。笔者提出的"以问预学、以问导学、以问拓学"的问学课堂基本教学模式，其三个环节均以"问"和"学"为中心，使"问"与"学"融为一体，互相促进，激发学生成为"善问好学"的自主学习者。并且，每一环节都可独立或相互交错，不受学科和学段的限制。当然，更多的是三个环节依次相扣，教学内容螺旋上升，最终达到"问学合一"的课堂目标，形成"问学精神"。"问""学"路径和策略的建构，旨在使学生乐"问"、会"学"、掌握学习方法、生成学习经验、提高综合素质。具体建构思路如下图所示：

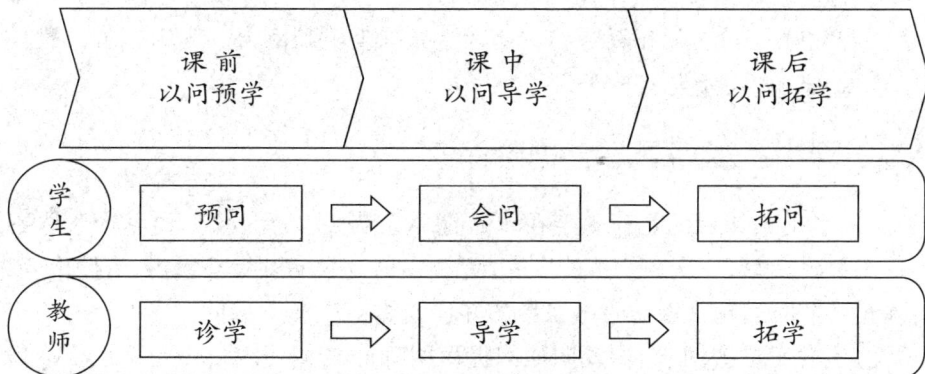

课前 以问预学	课中 以问导学	课后 以问拓学
学生 预问 ⇒	会问 ⇒	拓问
教师 诊学 ⇒	导学 ⇒	拓学

图 5-1 问学课堂的三契机

总的来看，问学课堂的"问""学"是指学生在问题的驱动下，通过"预问"自主学习，"会问"探究学习，"拓问"延伸学习的过程。作为学生学习的支持者与引导者，教师的主要任务是让学生自由地"问"、自主地"学"，让"问""学"在每个学生身上得到充分的体现，让孩子始终处于"课中央"。教师需要依据"预问"而"诊学"，确定教学重难点；归纳"会问"推动"导学"，实现教学内容进阶；激发"拓问"发展"拓学"，延伸课堂内容。

打造以学习为中心的新课堂

一、课前：以问预学，以学定教

教师应通过多渠道发现、收集、获取学生疑惑难解的问题，让学生带着需解决的问题走进课堂。在正式上课前，教师应布置预习任务，让学生把在预习过程中遇到的困难、阻力和想法等都记录下来，并列出条目。这样，在课堂上他们就不再依靠教师的问题来进行思考，而是自己去探索问题，并尝试解决问题。

上课伊始，教师要检查学生的自学与"预问"情况，纠正错误，反馈信息，并给予评价。依据"预问"结果，归纳学生生成的新问题，择优确定新的课堂教学内容。这个时候，教学的重难点、拓展点、疑难点不再是教师备课时的预案，而是来自大部分学生在"预问"过程中觉得困难的、不明白的、不能解决的问题。针对学生"预问"，让"学"的指向性更加明确，以学定教，这便是教师的"诊学"。

在学情的基础上，紧紧围绕着教学目标，对课程、教材、教法、学情进行提问，并让问、让学，适当施教，以学定教，化教为学，努力使"教什么"和"怎么教"更接近学生的需要。唯有如此，才能使学生的思维涌入"愤悱"的心流，积极、主动地探索和寻求解决问题的办法。在"以问预学"环节，让学生"问学"和教师"问学"相互呼应，让课堂充满生机和活力，为后期的"以问导学""以问拓学"打下坚实的基础。

二、课中：以问导学，进阶探索

"预问"的最终目的是让学生在正式课堂上做到"会问"，使整个教学经历"无疑—激疑—解疑—无疑"的思维过程。在这个过程中，学生不断提出问题、分析问题、解决问题，逐步吸纳系统的知识结构，实现"以问导学"。

要想让学生"会问"，需要向他们提出明确的发问要求。一是问题要有针对性，不能为了提问而提问。提问不是一项死板的任务，它展现的是学生主动思考的过程，是学生灵动思维的结晶。在课堂教学过程中，教师应该培养学生主动提问的思维习惯和学习习惯，防止学生形成一种错误的观念，即：提问就是课堂发言的一种形式，每节课必须提问。二是提出的问题要有深度，要让学生的思维处于"愤悱"和"欲罢不能"的状态，而不能一疑就问、每疑必问甚至无疑而问，规避学生的问题流于形式和表面化。三是对问题的描述要尽量明确。清晰的口语表达，不但可以让问题更清楚，而且可以让学生理清自己的思维，从而制造更深层次的讨论与解决问题的契机。

另外，在上课过程中，教师要"导学"，以问引问，引导学生进行深入、进阶的提问，这些问题应能使学习进入更深层次，或解决更难的问题。要做到这一点，首先，教师应该引导学生进入一种疑难的情境，使他们聚精会神，调动自己的全部知识储备和潜力去分析问题。在"引问"的教学中，除了要注意问题本身的品质外，更要注意对学生的"乐问"意识的培养。具有挑战性的问题，通常会比简单的问题更能激起学生的探索欲望，更能激励创造力，并引起学生发问。教师的提问应尽力做到"道而弗牵"，不能让它变成一根绳子，拴住学生的思维。

其次，老师不但要解惑，还要设疑、启迪，常常引导、启发学生对自己的经验、认识进行改造、重组、再阐释，让学生在此过程中，不断提出问题，并进行自我否定、自我超越。教师要贯通"开而弗达"的境界，点燃学生的思维火花，而不是把已有结果送到学生面前。唯有如此，教学才会更具启发性与探索性，培养学生的想象力、思考能力，并养成积极思考的习惯。

最后，合作与竞争是学习的重要方式。教师应该鼓励学生之间的合作与竞争。在竞争环境中，学生思维的灵活性、明晰性和流畅性等潜能能够得到更好的发展。竞赛中的赢家不仅得到了奖赏，而且尝到了胜利的快乐，这样的心理收益会大大增强他们的提问意识，提高问题兴趣。同时，对竞争优胜者的奖励，会直接或间接地、有形或无形地刺激与加强其他学生的学习热情，进一步推动"以问导学"。

综上所述，在生"会问"和师"导学"的和谐共振下，学生在自主问学中形成的疑题、学情交互中提炼的问题、深度追问中生成的难题、小组展示中暴露的困惑题等都可以被一步步归纳提炼，唤醒新的思考，达到新的突破，使学习效果拾级而上，共同孕育出"以问导学"的课堂样态。

三、课后：以问拓学，发散思维

当解决了课堂的主问题后，我们来到最后一个环节——"以问拓学"。具体而言，就是在课程结束后，教师引导学生经历"回顾—反省—评判—觉察问题—提出问题"的学习过程。以开放性问题为主，牵引学生从知识的多角度、多侧面来拓宽思维，挣脱固定的思维模式，挖掘新视角，拓展性地提出新问题。

"以问拓学"这个环节，不仅是对深度学习的一种延伸，同时也是对教材和学情理解的二次开发。在教学过程中，如果我们仅仅关注于孤立的、个别的问题，而没有关注如何引导学生自己思考寻找问题背后的内在联系，那么就会失去一个极好的拓展思维的机会。

"拓问"是学生回顾反思的成果,彰显了学生个性化思考的智慧。这样的提问不仅利于学生知识与技能的掌握,也助力了学生发散思维的培养,让学生越问越想问,逐步养成"拓问"的学习品质。同时,这也启示我们,要基于学生能力拓展的问题再生,就是要注重学生在认知、智能、思维和情感方面的拓展,以提升专业能力、批判思维、资源意识为主要目的,把教学问题按照逻辑关系形成问题链,按照因果关系归纳知识点,按照认识水平选择方法论,按照思维取向来体现价值,指导学生深入理解问题,巩固体验,拓展延伸,在对问题的深度领悟中,不断巩固和更新知识,发掘潜力。

主题 3

问学课堂完整案例呈现

一、课时案例——以"钢铁的锈蚀与防护"为例

问学课堂就是将"问"与"学"贯穿整个教学过程,以问题为教学的出发点,通过问题引导学生开展探索、深化思维、获取新知,在问题解决的过程中发展学生的智力、能力和创造性思维。

以"钢铁的锈蚀与防护"教学为例,问学课堂的构建方法为:课前开展探究实验,由一个恰当而有效的问题开始;创设真实的问学情境,为学生提供多种感官真实体验;聚焦并研讨典型问题,促进思维碰撞,不教之教;鼓励、接纳,不断激发学生的问题兴趣;逆向思维,让学生多角度思考解决生活中的问题。

表 5 – 1　钢铁的锈蚀与防护

环节	教师"问学"	学生"问学"	设计意图
课前:以问预学,以学定教	课前布置预习任务:观察新铁丝、生锈的铁丝、铁锈,看一看、摸一摸,继而想一想铁与铁锈是不是同一种物质?	观察铁锈的颜色,感受铁锈疏松多孔的特性,同时回顾铁与铁锈的化学性质,提出问题: 1. 为何锈是红褐色? 2. 为何铁锈不能被磁铁吸引? ……	让学生带着明确的问题,通过调动不同的感官系统直观感受铁与铁锈的不同之处,在对比中归纳完善铁锈的知识。这为学生后续思考除锈的必要性、方法及脱氧剂中有效成分的检验打下了基础。

续表

环节	教师"问学"	学生"问学"	设计意图
课中：以问导学，进阶探索	1. 影响钢铁锈蚀的因素有哪些？ 2. 探究铁生锈的条件，氧气和水有多重要？ 3. 哪些因素能加速钢铁的锈蚀？	1. 通电是否对金属的锈蚀速度有影响？ 2. 酸性环境会影响锈蚀吗？可用什么物质营造酸性环境？ 3. 酸的种类即酸性强弱对生锈速度有影响吗？ 4. 水中本就有氧气，该如何去除？ 5. 空气中也有水蒸气，该如何去除？ ……	问题二与生物实验"探究种子萌发的条件"有相似之处，学生不难想到实验方案。问题三的提出能够拓宽学生的思维。鼓励、接纳，不断激发学生的问题兴趣，问题的提出和改进一直围绕着"如何更好地控制变量"这一核心问题逐步展开，促进思维碰撞，不教之教。
课后：以问拓学，发散思维	联系实际生活，如何帮助自行车防锈？	1. 自行车上的钢铁部件是如何防锈的？依据的原理是什么？ 2. 铁锈能不能保护内部的钢铁不被进一步锈蚀？ 3. 发现锈蚀应该怎样处理？ ……	问而思，思而得，得而不足方能学，问学课堂建立在积极启发学生问题意识的基础上，从注重教转向真实学。本环节选取生活中的问题情境，以问题串的形式引发学生思考和质疑。

　　学生在学习中发现问题、提出问题、探究问题，并最终自己解决问题。在这样的教学模式下，学生的学习是真实的、积极主动的，能对学习保持一种求知的兴趣。教师应充分尊重学生的主体地位，促进学生的自我学习、自我实现，发展学生的独立性、自主性和创造性。变教师权威式、灌输的课堂为师生平等对话、耐心倾听的交互场，教学的目标重心从"学"转移到"问"上，从而使学生走上一条由"问"促"学"的主动学习之路。

二、大单元案例——以"民间故事单元"为例

　　问学课堂的要求之一是学生在课堂上根据已有知识和生活经验，通过质疑提问和教师的因势诱导，联结旧知识，实现潜在发展水平的突破。问学课堂指引下的大单元设计，锁定语文单元要素，以问题导向为主线，重构教学内容。具体操

作如下：第一步，教师梳理教材中相同人文主题和语文要素，确定学习主题和学习容量。第二步，组织学生唤醒对已学的编入同主题文本的学习基础。第三步，整合师生问题，设计教学内容，以问题推进课堂。第四步，问题走向生活实践和阅读实践，阅读实践可以通过略读课文或同主题同要素的课文进行。通过以上流程，提升学生的思考能力和分析能力。

【第一课时】预问

教师呈现民间故事单元页（五年级上册第三单元）和历史传说故事单元页（四年级上册第八单元），请学生针对不同点，提出问题。

生1：我们如何创造性地复述故事？

生2：民间故事和历史传说故事有什么不同？

生3：我们可以借助哪些学过的方法复述故事？

【第二课时】会问

活动一：聚焦文体，寻找异同

请学生阅读《猎人海力布》填写表格，发现民间故事和历史传说的不同。同时明确民间故事寄予了人们的美好期盼、历史传说。

表5-2 分析表

	民间故事	历史传说故事
来源		
真实性		
人物特点		

活动二：梳理方法，搭建支架

我们可以变化哪些身份把故事讲得更生动呢？

问题1：如果你是故事家，会怎样把这个故事讲给大家听呢？

问题2：如果你是海力布，你会如何劝说乡亲们赶快搬家？

活动三：展示故事，明确标准

请同学们分享故事，选出最精彩的故事，说一说理由。

明确标准：讲清楚故事的主要内容；丰富故事情节；加上相应的肢体动作。

活动四：不拘一格，形式多样

除了口头讲述，我们还可以想出哪些方法展示《猎人海力布》这个故事呢？

明确：概括主要人物和事件；绘画；分角色表演……

【第三课时】拓问

前两节课，我们通过《猎人海力布》这篇民间故事，掌握了哪些创造性复述故事的好方法？你能否运用这些方法创造性演绎《牛郎织女（一）》和《牛郎织女（二）》？

学生课后阅读实践，小组合作，呈现作品。

通过对五年级上册"民间故事"这一大单元的问题统摄教学，培养学生的问题意识和解决问题的能力，以此引导学生联结新旧知识，从而为后续的学习做好铺垫，迁移学习方法。

主题 4

课堂中"问学"策略的多元实践

任何学科都围绕着问题展开。课堂教学中的问题是指学生自己的生活经验和学习基础与当下的学习内容间存在的不能马上解决的障碍。因此，问学课堂的适用性较强，任何学科中都有超出学生当前认知范围的知识。用问题驱动学生思考，让学生在教师的引导下通过自主或合作的方式提出和解决问题，进入更深层次的思维活动。在活动中，学生的分析推理能力、实践操作能力、知识迁移能力、逻辑推理能力以及独立思考能力都得到发展，有助于其进一步掌握知识点。

针对不同学科的特点，笔者认为在不同的学科课堂教学中，采取以下策略能够有效激发学生的问题思维，激活课堂的思维活力。

一、课中辩论会——以辨促问

核心问题由学生在自主辩论前提出，需主动思考，了解正反方观点，罗列论据。在两方对峙时，不仅要求本方论据清晰充分，也要对对方进行质疑问难。辩论后，对本方观点做简要陈述，以回答辩论问题。在这个过程中，学生的语言运用能力和逻辑思维都得以锻炼。

辩论的问题通常有明确的对立关系。例如，人教版道德与法治四年级上册"信息万花筒"单元中的《健康看世界》《网络新世界》《正确认识广告》等都可以通过围绕核心问题展开辩论的形式，揭露双方的矛盾，并在最后得到双方共识，指向生活问题的解决。

健康看世界

核心问题：小学生可不可以看电视？

学生们基于自己的生活经验和个人思考，会出现两种观点，即"小学生可以看电视"和"小学生不能看电视"两个观点，教师将其分为正、反两方进行辩论。

正方："看动画片，可以放松心情。不看电视，会很无聊。"

反方："看电视十分伤眼睛，容易近视。放松心情的方式有很多种，为什么要选择伤眼的那种呢？"

正方："只要用眼过度都会伤眼。看电视不仅能放松心情，还能增长见识。"

反方："学生要以学业为主，想增长见识可以看书、去博物馆，看电视容易沉迷，荒废学业。"

正方："如果看电视就会荒废学业，说明他自己没有毅力，禁受不住诱惑。"

反方："小学生的毅力本来就弱一些，需要一定的规则加以制约。"

正反方讨论得热火朝天，正反方的每一次辩驳都是在回答对方的质疑，提出自己的见解，思维相互碰撞。教师在学生陈述完看电视的利弊后，将主要利弊关系梳理在黑板上，引导学生小结：看电视有利有弊，关键是要适度，制定并遵守看电视的约定。学生在辩论中，不仅自主性得以彰显，辩证思维也得到发展。

这启示我们，当学生对课中某一问题的理解不够透彻或存在争议时，可以展开辩论，引导学生不断反思辩题，从而进行更全面深入的思考。

二、科学小实验——以探促问

有些问题需要学生实际操作进行解决。在这一模式中，问题的设置通常是围绕现象或问题进行猜想和假设的。接着，为验证假设进行实验、步步归纳，得出结论。学生在实验前，思考：我要如何验证我的假设？在实验过程中，我是否达成了每一步的要求？下一步如何实施？在实验后，回望过程、归纳和概括。

种子发芽实验

课前教师为学生呈现种子发芽动态图，启迪学生提问：（1）种子发芽需要哪些条件？（2）可以通过什么实验验证我们的想法？

学生初步提出假设：（1）种子发芽需要阳光、土壤、水、空气、合适的温度。（2）用绿豆种子发芽实验验证想法。

学生以小组为单位合作探索，每个小组在实验前针对实验准备过程将自己的疑问写在"问题清单"上。经梳理，将问题分为以下几类：除了绿豆种子，我们还需要准备哪些材料？如何确定这些条件是不是必要条件？发芽周期是多少天？

由此，确定了"绿豆发芽和光照的关系"的实验主题。在实验过程中，明确要求：（1）需要保证温度、水等其他条件都一致。（2）对有光和无光两组的豆芽发芽数量进行记录。（3）解决课前的问题。

可见，在科学小实验中，请学生梳理"问题清单"可以激发学生的探究欲，让学生不断提出疑问，进行假设。学生以问题驱动进行探索，细致达成每一个步骤的要求，不仅掌握了绿豆发芽需要光照的科学知识，提高了在实验过程中的自主性、合作能力和动手操作能力，也培养了长期观察、严谨求真的探索精神。

三、新旧知识联结——以融促问

问学课堂的要求之一是学生在课堂上根据已有知识和生活经验，通过质疑提问和教师的因势诱导，联结旧知识，实现潜在发展水平的突破。通常围绕学生的已有学习经验或生活经验设置问题。现行教材编排大多按照螺旋式上升结构，例如围绕"自然"的人文要素，部编版语文教材编排了"金秋时节""我与自然""可爱的生灵""奇妙的世界""大自然的奥秘""自然之美"等单元；围绕"理解文本"的语文要素，编排了"运用多种方法理解难懂的词语"，"借助关键语句理解一段话的意思"，提出"运用多种方法理解难懂的句子"，"了解人物的思维过程，加深对课文内容的理解"，"借助相关资料，理解课文的主要内容"等内容。不仅如此，每个单元的第一篇课文都是学习语文要素的范例，为其他课文学习奠定基础，提供方法。

在学生已有的经验之上，引导学生进行思考：通过这篇课文我想学到什么？我已经掌握了什么知识点和哪些方法？我需要哪些帮助？具体案例呈现如下：

观潮（部编版四年级上第一单元）

师：同学们，翻开单元导读页，读一读，说说你们的收获。

生：本单元的单元主题是自然。语文要素是边读边想象画面。

师：大自然美不胜收，像一幅色彩斑斓的画。今天，让我们一起通过文字，读出大自然的美。我们都有哪些读"美"的好方法呢？

生1：我们在《燕子》一课中，学习通过看燕子的图片和飞行等感受到了燕子的美，品读美。

生2：我们还在《铺满巴掌的水泥道》中，联系上下文理解了"五彩斑斓"这个词，感受到了秋天的美。

生3：还有在《火烧云》一课中，读着读着，眼前就出现了生活中看到的晚霞，觉得很美。作者还运用了比喻的修辞手法，让我们感受到了美。

师：联系自己的生活，感受美；分析作者的修辞手法，品悟美，多会读书！看来同学们手里有很多法宝，让我们带着这些法宝一起欣赏钱塘江大潮的美吧！

在案例中，学生通过一个主问题：我们学过哪些读"美"的好方法呢？引导学生回忆边读边想象画面的方法，感受作者用文字传达出的自然美，为这一单元的阅读体验和审美情趣培养搭设桥梁，同时让学生构建关于理解"自然"主题的学习方法思维图，将已有的方法迁移到本课的学习中。

师：哪些景象让你觉得钱塘江大潮真不愧是天下奇观？

生：潮来时，景象十分壮观。

师：展开讲一讲。

生：浪潮越来越近，犹如千万匹白色战马齐头并进，浩浩荡荡地飞奔而来。这句话用了比喻的修辞手法，写出了浪潮的形态，也从浩浩荡荡、飞奔等词感受到了它速度之快。

师：是啊，多么有气势啊！你能不能带着这样的感受读一读。

在上述案例中，教师通过链接已有知识、方法提出问题，引导学生联结新知识与旧知识，从而为后续的学习做好铺垫，迁移学习方法。

四、推理小支架——以思促问

逻辑推理是指从一些事实和命题出发，依据规则推断出其他的命题。教师以问题为引擎，发散学生思维，提供教学推理支架，引导学生从较为简单和一般的命题出发，不断对自己的判断进行反思。在原有的论题之上，教师不断提出疑问，引导学生推翻或者推理得出合理的阐述。在此类教学模式中，注意提问的内容要环环相扣，命题间不能相互脱离，以此达到通过问题培养学生的推理能力，渗透思维训练，提高学生逻辑思维能力的目标。

数学广角——优化（部编版数学四年级上册）

师：同学们听说过"田忌赛马"的故事吗？有没有同学分享一下田忌是怎样布局，赢过齐王的？

生：孙膑教田忌用自己的下等马和齐王的上等马较量，用自己的上等马和齐王的中等马较量，再用自己的中等马和齐王的下等马分别较量，三局两胜。

师：从中，我们认识了一个很有智谋的人，勇于打破常规的人。今天你们要不要当一回这样的人？请同学们小试牛刀。根据烧水步骤及时间思考怎样安排合理且省时。

学生用流程图绘制烧水过程：

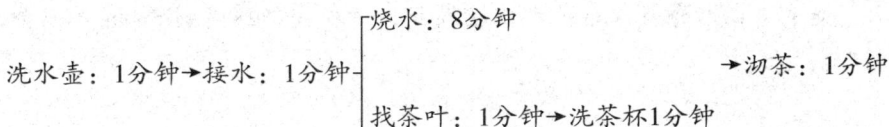

洗水壶：1分钟➡️接水：1分钟 ┬ 烧水：8分钟 ➡️沏茶：1分钟
　　　　　　　　　　　　　　 └ 找茶叶：1分钟➡️洗茶杯1分钟

请学生呈现流程图，说出绘制理由：等水开的时间可以找茶叶、洗茶杯，就可以省3分钟。共用时11分钟。

在问题驱动下，学生先分析烧水的先后顺序，再对可同时进行的事进行分类、合并，然后进行时间运算，绘制流程图并加以呈现，最后归纳总结出自己的思路。在这个过程中，学生的分析分类、归纳推理的能力均得到锻炼，进而融会贯通，运用于实际生活中。

五、小小思辨家——以悟促问

用问题激发学生剖析和解读文本的能力，锻炼学生独立思考的能力，引导学生钻进文本，主动探究和挖掘问题的本源，提升深度阅读思考的能力。解决一个问题，既要对问题进行剖析，也要分辨命题真伪，作全局考查和细节探究。因此，在此类路径中，要针对全文提出问题，是对文本的质疑，能引发学生对问题进行深度思考，有助于学生理解能力和领悟能力进一步提高。批判思维在阅读类文章中较为常见。下以 "When is the art show?" 中的 Story time 为例。在这个故事中，Zoom 为了在歌唱考试中有出色的表现，每天都在家练习唱歌，果断拒绝朋友邀约，终于获得了好成绩，接受了朋友的邀请。以下为具体案例。

When is the art show?（部编版四年级下第四单元）

师：Is Zoom a person with perseverance（毅力）？

生：Yes.

师：Where can you tell that he is such a person?

生：Zip、Rabbit、Cat 都来邀请 Zoom 出去玩，但是 Zoom 都拒绝了他们。

师：可是故事的最后，Zoom 还是和 Cat 约定了去游泳啊。

生：图 5 告诉我们，Zoom 在考试中获得了好成绩后才出去玩的。

师：Zoom 在前几天被邀请时，是怎么拒绝的呢？谁来读一读？

（生读）

师：你在读的时候，内心有什么想法？

生：非常坚定，因为想在考试中取得更好成绩，没有一点犹豫。

师：是啊，面对每一次邀约都拒绝果断，所以我们感受到 Zoom 是一个很有毅力的人。

在这个案例中，教师问 Zoom 是不是一个有毅力的人，有学生会不理解"毅力"的意思，也有学生看到最后，Zoom 和 Cat 去游泳了，就以为 Zoom 是一个没有毅力的人。只有思维足够严谨，在阅读中不断思考、反省答案，才能理解 Zoom 是一个坚持不懈的人。在问题情境中，学生不仅理解了文本意思，他们的批判思维也得到了发展。

学始于疑，学起于思。不管什么学科，以问题驱动学生的思考、探究和实践，都能更有效地激发学生的主动性。教师是学生提问的引导者，在学生解决问题时提供反馈和评价，引导学生将知识和生活相联系，用问题激活思维状态，引导学生持续性发问，在解决学习和实际生活问题中加深思考，可提升其合理的预测和判断的能力。同时，教师也是学生提问的管理者，在集体合作学习时，教师要统筹管理问题的多元化和数量，保证提问不脱离学生的最近发展区，并为学生提供合适的教学支架。

专题六

以学习为中心的支架式课堂：
支持与提升

　　支架式教学注重培养学生的自主学习和合作探究的能力，强调学生的主动参与和建构知识的能力。这种教学将学生放在学习的中心，教师提供支持和指导，给学生创造思考和实践的机会，引导学生自主探究和实践，发展学生学习能力，促进他们核心素养的提升。

学 为中心的教学强调以学生为主体，教师的角色是引导者和支持者。教师不再只是知识的传授者，而是根据学生的兴趣和需求提供资源，指导和鼓励学生主动参与学习。这种教学方式鼓励学生思考、合作、实践和反思，培养学生的创造力和批判性思维能力。支架式教学坚持新课改所倡导的"以学生为中心"的理念，注重培养学生的自主学习和合作探究的能力，强调学生的主动参与和建构知识的能力，学生在教学中成为课堂的主体。

主题 1

支架式课堂阐述

一、支架式教学的概念

1. 支架

"支架"亦作"脚手架"，是建筑行业的专业术语。在修建或者装饰建筑物时，工人们需要上下或者来回移动，为了保障安全为施工提供便利，尤其是修建建筑物的高处部分时，他们会使用建筑材料搭建临时性的平台或者框架，提供暂时的支持。一旦施工完成，建筑物建好之后，这种支架完成了它的使命，就可以完全撤掉了。

有研究者最初用支架来描述在一个人的学习过程中同伴、成人和有能力的人所给予的有效支持和帮助。这种支持和帮助会在学习者能力变强后慢慢撤去。纳撒和斯万从比较宏观的角度定义支架，表示支架使专家与新手在"最近发展区"中发生连接，进而产生合作。普利斯里等人为"支架"所下的定义是教师或者能力更强的前辈根据学生需要为其提供帮助，并在学生具备独立完成任务的水平后，不再给予学生任何多余帮助，而给予其自由施展的空间。

教学支架与建筑支架的作用有诸多相似之处。它们都被用来帮助和支持学习者或者建筑工人逐步达到目标或完成任务，最后都会被撤除。但它们又有很大的不同之处，就建筑支架而言，建筑物越高，支架就需要搭建得越高而且要求更坚固；学习支架则相反，学习者越强，支架就需要逐渐变短直至消失。再就是二者拆除的时机不同，建筑支架是在建筑物完工后才开始撤掉，而学习支架是在学习者达成目标的过程中逐渐拆除的。

经过众多学者的推广，"支架"对教学的作用如今已得到教育心理学的广泛认可。"支架"其实是一个隐喻，它象征着建构主义者关于"教"和"学"的理念，以及他们对于"教师"和"学生"关系的观点。如果把学生本身比作一栋即将拔地而起的大楼，那学生的"学"就是自我积极完善、主动建构的过程，而教师的"教"就是这个过程中不可缺少的"支架"。在教学中，学习者在支架的帮助和支持下，在原有知识基础上提高了内化新信息的能力，其认知水平由实际发展水平进入最近发展区，实现了自身知识的积累和能力的提升，最终走向潜在发展水平。

2. 支架式教学

支架式教学强调以学生为主体，基于结构主义理论的重要教学方法。欧共体"远距离教育与训练项目"的有关文件给支架式教学下了这样一个定义："支架式教学应当为学习者理解知识提供一种概念框架。这种框架中的概念能帮助学习者对问题进一步理解，为此，要事先把复杂的学习任务加以分解，以便于把学习者的理解逐步引向深入。"它强调教学应为学习者建构理解知识的概念框架，它通过提供一套适当的概念支架来帮助学习者理解特定知识，是一种建构知识意义的教学模式。借助支架，学习者能够独立探索并解决问题，达到独立建构知识的水平。简言之，教师通过支架（教师的帮助）把管理学习的任务逐渐转移给学生，然后撤去支架，让学生独立完成任务。

维果斯基的"最邻近发展区"理论（见图 6-1）是支架式教学思想的来源。他认为儿童的心理发展存在两个水平：儿童在独立解决问题的过程中所表现出来的心理发展水平是"实际发展水平"；儿童借助支架（在别人的帮助下或与同伴合作的情况下），解决问题时所表现出来的心理发展水平是"可能发展水平"。"最近发展区"就是这两个水平之间的区域。

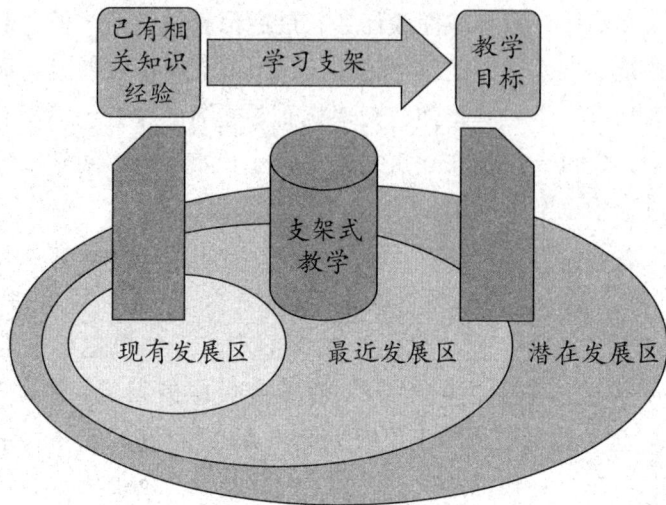

图 6 - 1 维果斯基"最邻近发展区"理论

因此，支架式教学的意义就是在教与学的过程中，学习者借助支架，掌握、建构和内化所学的知识技能，进行更高水平的认知活动。支架式教学以学生为中心，基于学生自身的知识水平，支持引导学生循序渐进地学习知识、积累知识，培养学生的创新能力，进一步释放和发挥学生的潜能，最终实现学生核心素养的全面发展。

二、支架式教学的要素

支架式课堂教学模式适合于各种类型的课堂教学，无论是涉及语言的理解和运用，还是那些需要学生掌握复杂概念、过程或技能的课程。通过搭建支架，教师可以帮助学生逐步掌握复杂的概念和技能，提高他们的学习效果，培养他们的学科核心素养。

1. 核心要素

一是支架。教师在教学过程中要为学生提供支撑，学生可以借助相关材料和工具对问题进行深入探究。

二是支架搭建。教师要为学生搭建合理的支架，以帮助学生在学习过程中解决实际问题。

三是支架调整。在教学过程中，教师要根据不同的内容和需要，基于学情，及时调整支架，帮助学生提升能力。

构建支架式教学模式的核心要素并不是固定的，而是根据教学内容而变化的。对于不同的教学内容而言，其核心要素也是不相同的。所以，教师在构建支架式教学模式时要根据课堂实际情况来确定核心要素。

2. 支架类型

（1）范例支架

范例支架是指给学生展示一个典型的问题或解决方案，以引导学生思考和学习。范例支架可以采用多种形式，教师会直接向学生展示一个完整的问题或解决方案，让学生观察并理解其中的关键步骤和思维过程；教师会逐步地向学生展示问题或解决方案的不同内容，引导学生逐步理解和掌握相关概念和技能；教师会同时展示多个类似的问题或解决方案，让学生比较之间的异同，从而深入理解问题的本质和解决方案的原理。

如假设我们正在设计一个购物网站，需要展示不同类别的商品和详细信息。我们可以使用范例支架来模拟一个产品列表和产品详情页面的结构。教师可以展示前届学生的作品范例，也可以自己从学生的视角出发制作范例用以展示。

（2）问题支架

顾名思义，问题支架是以问题为支撑的一种教学支架构建形式。在构建问题支架的过程中，要求教师能够结合教学内容及学生的学情，为学生设计一个合理的学习目标，然后围绕这一学习目标设计一系列具有一定关联性的问题。问题的设计要做到具有层次性和关联性，保证上一个问题能够将学生带入下一个问题，并在一个个问题的引导下让学生实现对知识的深度学习，最终完成学习目标。例如：

在探究电流与电压关系的实验教学中，针对学生设计实验时的学习障碍，教师可设计以下几个问题支架：

①如何测量电阻两端的电压 U？

②如何测量通过电阻的电流 I？

③要研究通过电阻的电流 I 随着电阻两端电压 U 的改变怎样变化，应该如何改变电阻两端的电压？请想出尽可能多的方法。

④怎样设计能够改变电压并可以同时测量电压和电流的电路图？

（3）建议支架

建议支架是指为某个特定问题或情况提供的支持、帮助或解决方案。它可以是一种方法、策略、计划等等，目的是指导人们在具体情境中做出决策或行动。

比如，在英语阅读教学中，学生复述课文的能力欠缺。教师建议学生利用思维导图梳理文章内容，先围绕文本主题确定思维导图的核心，再结合故事人物、主要事件等设计思维导图的分支，清晰、完整地呈现故事内容。学生通过绘制思维导图，既可以深入理解和记忆文本内容，又可锻炼自己的概括能力和思维能力。

（4）向导支架

向导也可叫作指南，它提供结构和指导，帮助学生理解和掌握新的知识与概念。向导支架可以明确指出学习目标和预期结果，使学生知道他们需要达到什么样的水平。它帮助学生在学习过程中打好基础，并逐步引导他们对问题进行正确理解，并进行深入和全面的思考。

如信息老师带领学生做京杭大运河（杭州段）的网页时，师生首先来了一个头脑风暴，设定了一个向导支架，要求学生所做的网页要包括运河的前世（历史）今生（现状）、运河的文化，表现形式上图文并茂，还要加入超链接等方式。

（5）资源支架

资源支架指的是为教学活动提供各种学习资源和工具的框架或平台。资源支架的主要目的是为学生提供可视化、操作性强、丰富多样的学习工具，以激发他们的学习兴趣，促进他们主动参与和深入理解。

如多媒体、互动白板、各种学习软件、网络资源等。

主题2

支架式课堂的优势——学为中心

学为中心的教学强调以学生为主体，教师的角色是引导者和支持者。教师不再只是知识的传授者，而是根据学生的兴趣和需求提供资源，指导和鼓励学生主动参与学习。这种教学方式帮助学生思考、合作、实践和反思，培养学生的创造力和批判性思维能力。

支架式教学坚持新课改所倡导的"以学生为中心"的理念，注重培养学生的自主学习和合作探究的能力，强调学生的主动参与和知识建构，使学生在教学中成为课堂的主体。这种教学将学生放在学习的中心，教师提供支持和指导，给学生创造思考和实践的机会，引导学生自主探究和实践，发展学生学习能力，促进他们核心素养的提升。

一、支架引导，学生主动学习

支架式课堂强调学生的主动参与和探索，教师通过搭建支架，引导学生积极思考、主动解决问题，促使学生主体作用的发挥。支架式课堂注重引导学生自主探究和思考，培养学生的创新思维和创造能力，激发其创新精神。

支架式课堂能够有效打破学生被动接受知识的模式，侧重于培养学生的独立思考能力和自主创新能力。基于具体的教学内容和学生的学习情况，教师设计不同形式的支架，将一些复杂的问题层层分解。在支架的帮助下，学生主动搜集、整理资料，分析相关的信息，进行自主建构。同时，教师还需要关注学生的个体差异和需求，提供个性化的支架和引导，确保每个学生都能在课堂中得到发展。在学习过程中，学生能够自主解决问题，学生的满足感将会一步步提升，进而产生更强大的学习动力。

在支架式课堂中，教师用发展的眼光看待学生，尊重学生的个体差异，使学生拥有学习的主动权。教师的角色也发生了改变，以帮助者、引导者和促进者的身份出现的。虽然支架的搭建和教学环节的设计是教师来把握的，但是教师不能基于此来控制或者限制学生的活动，而是要合理利用教学资源，搭建利于交流协作的学习平台，鼓励学生主动参与课堂，乐于思考，勤于动手，充分发挥主动性和积极性。例如：

在《罗马帝国的衰落》的教学中，教师利用问题支架激发学生的思考和探索，从而促使他们主动参与学习过程。在教学中，教师提出以下问题：

为什么罗马帝国会衰落？

罗马文明有哪些重要的贡献？

对于罗马帝国的衰落，哪些因素起了关键作用？

在现代社会中，我们能从罗马帝国的衰落中学到什么？

通过这些问题，教师激发了学生的好奇心，并引导他们去阅读相关材料、主动研究、积极探索、展开讨论，并最终理解形成自己的观点。

本案例中，通过问题支架引导学生主动学习，激发了学生的兴趣，并帮助他们建立知识链接，加深对课文的理解。这种学习方式突出学为中心，激发学生的主动性和积极性，使他们更加主动地参与学习过程，其独立思考和自主学习的能力也有了很大的提升。

二、深入情境，学生学以致用

如果要调动学生的积极性，教师不能只是借助于枯燥无趣的语言来推进教学，而是要借助一些特定情境，将生动形象的具体动态场景融入课堂，打造一个愉悦、民主的学习环境。这样的学习氛围更有益于激发学生左脑和右脑共同协调运转。不仅如此，鲜活的情境也可以将课本中的理论知识与日常现象联系在一起，学生们深入情境中更能够感受知识的本质，学以致用。当他们再遇到类似的问题情境时，能够很快将头脑中的知识进行转化，应用在问题解决中。支架式教学课堂，采用灵活多变的课堂形式抓住学生的目光，使学生学习的积极性得到了有效调动。

在数对与点的对应教学中，教师设置了一个这样的情景引出问题：在教室里，小李坐在第 3 行第 5 列，请用数对表示小李的位置，并在方格纸上画出来。小华的位置为 (a, a)（a 为正整数），他可能坐在哪里？

通过实际操作，让学生感知数与形的结合，形成几何直观，感知数学的抽象过程，进一步增强符号意识。在具体教学过程中，要明晰方格纸上的点与整数对的关系，以及与实际情境的关系，提升学生的数学表达能力，为将来学习平面直角坐标系积累经验。

三、动态调整，契合学生思维

教师还需要对学生做出适切的引导，通过适度且恰当的方式，搭建可以随意调节或者具有暂时性和渐消性的框架。在建设框架的过程中，需要使之具备一定的实时性和动态性，应随着教学的进行动态而变化，符合学生当下具体的思维走向。教师作为学生活动的管理者和引导者，在上课之前就要多方位掌握学生情况，确定学生的最近发展区，还要设置符合学生思维特点的多个支架。这些支架并非一股脑儿抛出来，也不是固定不变的。随着学生学习进程的深入，学生的认知发展水平也在不断提高，最近发展区就会逐步变化，出现一级又一级新的最近发展区。此时，最开始的学习任务对于学生来讲已经不是什么难题，因此最初的支架对于学生能力的发展也就失去了效用和意义，此时需要教师逐步撤去原有支架，然后基于最近发展区的最新情况提供更高层次的支架，实现"由扶到放"，直到所有学习目标都达成，学生完全拥有学习任务的主导权，科学思维能力也上升到一个全新的高度。

以《岳阳楼记》教学为例

调节范例支架跨度：教师范读。在学生一起朗读后，朗读的结果不尽如人意，教师要调节例子支架跨度，给予学生明确指示，让学生仔细聆听教师的示范并画出停顿。如"刻唐贤今人诗赋于其上"的停顿应是"刻/唐贤今人诗赋/于其上"。然后让优秀的学生进行示范朗读，为基础薄弱的学生构筑榜样支架。

调节语境支架：如果学生背古文的效果不理想，很难达到预期的学习目标，就要适时地调节支架结构，并做到"朗读文言文，要有韵律，要把文字清晰地表达出来"。带着"以天下为己任"的情境，让学生在此基础上以"先天下之忧而忧，后天下之乐而乐"为重点，并用拖音的方式，读出叹息与无奈的情感。

增加问题支架：在理解课文阅读时，学生可以根据课件上的例子和情境式短语来理解课文要表达的情感，然后再加上问题支架，补充比较困难的问题。教师提出"学习儒家精神内容的目的是什么"的问题后，指导学生分析其任务指令，之后学生发现"进与退"是关键要素，由此逐步靠近学生的最近发展区，使学生了解进与退的关系。

增加对比反差支架：学生透过教师建立的问题支架了解作者是紧扣"古仁人"来阐述的，了解"古仁人"的准则是什么；适当增加对比支架，对比分析"居江湖之远则忧其君"和"处江湖之远则忧其君"的艺术效果。比较后，发现二者的重要程度，更能突出作者的写作意图；加上对比的支架，逐步跨越了最近发展区，让学生更深刻感受作家对于人生的感悟理解。

四、互动帮扶，师生共同成长

建构主义认为，学习者有效的学习是在人与人、人与社会环境间的相互作用中完成的。支架式教学中，师生构成一个"学习共同体"，合作与互动是师生之间的日常。教师是支架的提供者、学生学习的引导者，教师不再是信息的传播者、讲授者，也不是完全的辅助者。教师认真倾听学生的讨论和想法，观察学生的活动进展和互动状况，确保任务的适宜性。也就是说，教师要让学生感受到前有引导、后有帮扶，但又没有越俎代庖，只是为其提供了必要的资源和鼓励。在民主、和谐的课堂氛围中，学生的压抑感全无，乐于参与到活动中，敢于挑战自我、主动探究。即便有的时候学生所采取的解决方式和策略看起来并不是最合理的，教师也要对学生的想法给予肯定和支持，允许他们去尝试。在学生遇到困难时，教师会因人而异，因情境而异，依据学生的学习程度和所遇困难的程度，为学生搭建支架。支架形式各种各样，一个建议或一个手势，一定的讲解、示范、演示都可以成为一个有效的支架。教师需要作好一个教练的角色，了解选手的特点和能力，知道什么时间需要什么样的支架，在必要时，会给予提示和指导，以帮助学生共同解决问题。

支架式课堂中，教师不再是唯一的权威，学生可以在平等的氛围中自由发表观点，师生、生生之间互相帮扶，共同生长。支架的搭建一方面引导学生明确地回顾以往的成功经验，使学生正确地认识到自己的"现有水平"；另一方面对于新知识，学生在教师的引导下，自己思考建构，让新知识真正成为自己的新经验，突破自己已有水平。支架式教学从这两方面让学生体验到成功，为学生的学习树立了自信。

如在学习《秦国的兴亡》一课时，师生合作，引入"剧本杀"情境，将教学内容编写成剧本，作为学习支架引导学生进行学习。师生一起看模拟图，研究秦灭六国的顺序，进行剧本表演。教师在课堂活动后，引导其围绕如何看历史地图、角色扮演后对历史人物的理解、战争的影响与启示等问题展开交流，及时纠正学生的错误认知，帮助他们学会如何正确评价历史人物，如何正确看待历史事件。在互动中，教师能及时了解学生的学习情况，形成有效的课堂反馈与教学反思，学生也充分表达自己的观点，感受不同思维的碰撞，进而丰富发展自己的认知，实现师生共同成长。

主题 3

支架式教学在课堂教学中的运用

一、支架式教学流程图

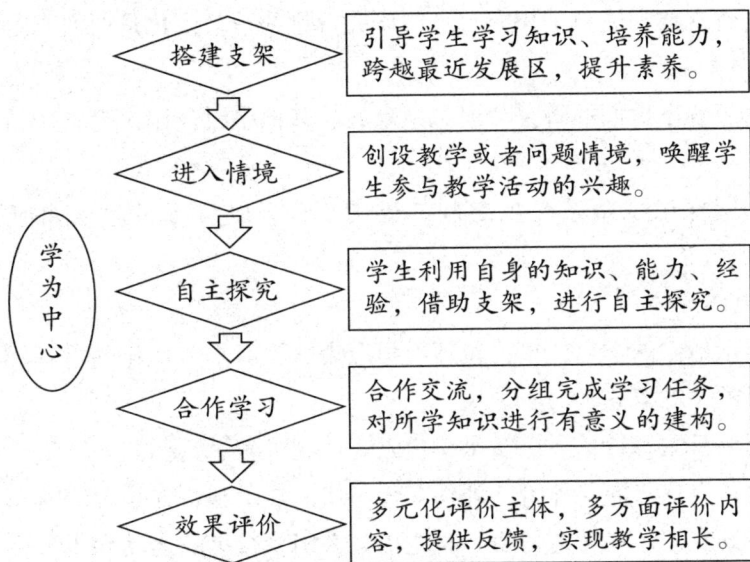

图6-2 支架式教学流程图

以《太阳系行星的运动和季节变化》为例，展示支架式教学基本环节：

教学目标：学生将能够理解太阳系行星的运动原理，以及太阳系行星运动导致地球的季节变化的原理。

教学步骤：

1. 搭建支架

教师简要介绍太阳系、行星的定义和一些基本知识，如日地距离、轨道等。

提供一份基本的行星运动图表，展示太阳、地球和其他几个行星之间的相对位置和运动轨迹。

2. 创设情境

教师提出一个情境问题："为什么地球有四个不同的季节？"

引入观察季节变化的实际情境，如天气变化、植物生长等，以激发学生的兴趣。

3. 自主探究

学生分成小组，每个小组负责研究一个行星的运动和季节变化。

学生需要使用图书、互联网资源和模型来自主学习关于各自行星的信息，包括轨道、自转、公转周期等。

学生通过观察和模拟来探究自己所研究行星的季节变化是如何产生的。

4. 合作学习

每个小组分享他们的研究和模拟结果，与其他小组合作讨论各个行星的季节变化。

学生共同探讨太阳系行星之间的异同之处，以及行星运动如何影响季节变化。

5. 效果评价

学生展示他们的学习成果，包括模拟图表、解释季节变化的过程和原因，以及行星运动的关键概念。

教师提供反馈和评估，以衡量学生是否达到了教学目标。

学生也可以参与同伴评价，评估其他小组的展示和解释是否清晰和准确。

学生借助支架，在学习情境下自主探究太阳系行星的运动和季节变化，与同学合作讨论并分享他们的发现，最终通过评估来展示他们的学习成果。本案例强调学生的主动学习和深入理解，培养了他们的科学思维和问题解决能力。

二、支架式教学的进阶图

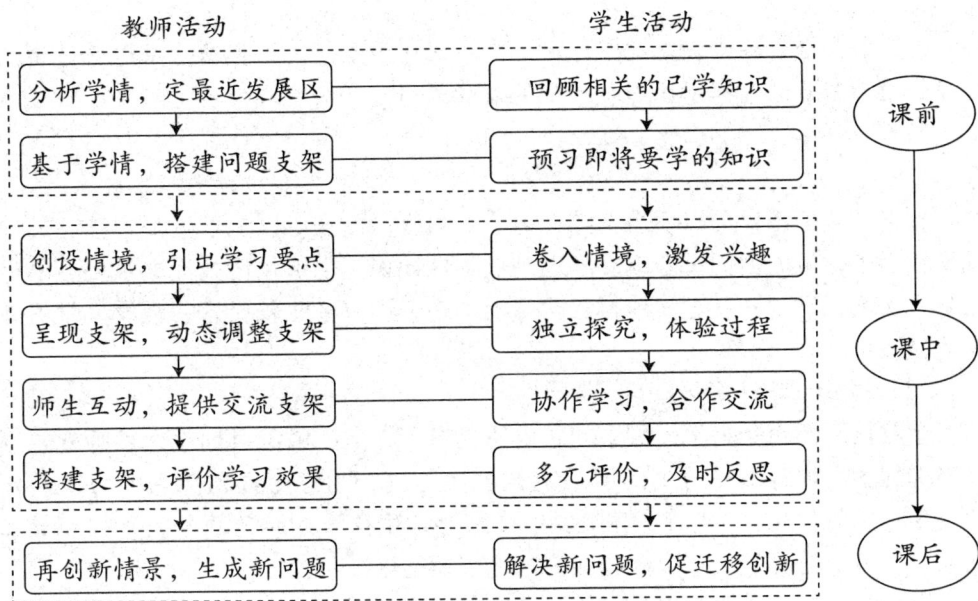

图6-3 支架式教学的进阶图

三、支架式教学在课堂教学中的运用

1.课前：分析学情，准备支架

教师要认真分析学生的现有水平和潜在水平，通过评估学生的知识水平和技能掌握的情况，确定最近发展区。预测学生可能遇到的困难和挑战，准备相应的支持措施，设计并提供适当的支架。

2.课中：自主学习，协作探究

（1）卷入情境，引出问题

在支架式教学中，情境的作用不可替代。"卷入式"情境，是通过问题、对话、任务等将学生不知不觉地带入真实的生活学习情境中，旨在提高学生的课堂参与度。学生是学习的主体，课堂是学生学习的主阵地，教师要打造"卷入式"课堂，就需要创设与学生生活息息相关的情境，力争与知识本身无痕融合，带领学生参加学习活动，在活动中完成学习任务。教师在教学过程中，要充分激发学生的好奇心，及时点燃他们的思维火花，培养他们的质疑精神。在解决问题的氛围中，引导学生主动地观察事物、发现问题的特点、找到解决思路，全身心地投入学习活动中，进入较为理想的求知状态。

地理教师在讲授水循环这节课时，可以借助学生熟悉的钱塘江来进行情境的创设，设问：钱塘江江水源源不断地流淌的原因是什么？有哪些形式可以给钱塘江水补给呢？

创设情境，不仅可以引出本节课的学习内容，而且可以从学生身边熟悉的地理现象入手，帮助他们更好地理解地理过程性知识。生活化情境让学生更容易进入学习状态，学生一旦忘我地投入学习活动中，学习潜能就更容易激发，学习效率大幅提高。

（2）搭建支架，引导探究

学习目标的确立为学生探索问题情境提供了方向，锚定目标后，教师就要围绕当前的学习内容，在学生的"最近发展区"内，为学生提供探索学习所需要的支架（概念框架）。接着，教师要逐步引导学生探索问题情境。教师的引导和支架的支持要随着学生解决问题能力的增强而逐渐减少。

有研究者指出，对学生在完成任务时可能遇到的困难进行预估，提前准备好合适的支架，必要时为学生完成任务提供支撑。支架的搭设工作是重要的一步，同时也要贯穿教学的始终。为保证实现既定的教学目标，教师需因时因势地进行支架的搭建。教师可采用丰富多样的、适配学情的支架，有效地培养学生的核心素养、落实核心素养目标。例如：

在《出师表》的教学中，教师针对本课的学习目标，有的放矢地搭建了相应的支架，帮助学生主动学习。

学习目标1：积累文言字词，了解文本内容

建立"诵读支架""文言词语支架""情境支架"，感受文章之美。

学习目标2：理解作者"鞠躬尽瘁，死而后已"的精神

搭建"背景支架"和"情感支架"，体悟"士为知己者死"的思想。

学习目标3：引导学生理解诸葛亮的"忠"

构建"团队合作支架"，评价诸葛亮的"忠"。

（3）独立探究、体验过程

学习情境的创设和学习支架的搭建，奠定了学生自主探究的基础。教师尝试

放手，让学生自己决定探索的方向和问题，选择自己的方法，独立地进行探索，完成学习任务。学生由被动接受的学习者蜕变为主动探索、发现问题解决方法的学习主体，有效地培养了学生独立学习的习惯与能力。不同的学生可能会有不同的方法去完成任务，使学生的个性和特点得到了充分发展。在独立探究的过程中，学生难免会暴露出这样或那样的学习问题，因此，教师要实时监测学习过程与效果，及时调整支架，提供方法与方向指引，以期最大限度地保证学生顺利地依靠自我能力解决问题，获得学习成就感。例如：

在"colors"的教学中，学生在教师的引导下，自主完成下面的任务。

活动任务：我的教室我做主。

①学生拿出事先准备好的没有色彩的教室图画。

②学生自行操作，装饰我们自己的教室。

③学生展示自己的作品和理念，师生共同评价补充。

每个学生的最近发展区是不相同的，在装饰美化教室时，不同水平和能力的学生，会呈现不一样的作品，如颜色的搭配、图形的选择等。这样的独立练习，激发了每个学生的求知欲，促使他们独立完成任务，每个学生都能在课堂活动中得到不同的发展。

（4）协作学习、合作交流

通过组织合作学习，学生与学生之间、学生与教师之间协商讨论，交流独立探索的成果，共同解决独立探索过程中所遇到的问题，在共享集体思维成果的基础上，达到对当前所学知识比较全面的理解，提高处理问题的能力，在现有水平和潜在水平之间不断地攀升，最终完成对所学知识的意义建构。在课堂教学过程中，教师灵活、巧妙地搭建合作学习支架，不断深化学生对知识的理解，拓展学生思考问题的角度，注重学生的自主性与独立性发展，同步培养学生的思维能力及协作意识，有利于实现深度学习目标，培养学生在真实的情境中解决问题的能力。教师要鼓励学生相互交流，不仅是小组内交流，组与组之间也要进行交流。学生与学生的互动，是课堂中生成的宝贵资源，也是学生探索最好的支架。

学生在学习"What's the best movie theater?"一课时，教师以"你是否喜欢达人秀"这一话题组织小组进行辩论活动。小组合作学习讨论时，先让小组成员充分表达个人观点，共同确定自己小组的观点，接着积极准备论证材料；再让小组之间展开激烈的辩论，充分表明喜欢或不喜欢的原因，在思维碰撞中深化认识。完成阅读教学活动后，教师可以向学生布置小组合作任务，引导各小组以"我的梦想"为主题撰写演讲稿，最后派代表向全班展示。

（5）多元评价、及时反思

支架式教学中的"效果评价"侧重于评价主体的多元化，符合新课标评价建议中的要求，较好地解决了以往课堂中评价环节的缺失或者教师主导评价，以及评价方式单一化等问题。支架式教学下的评价注重发展性，指向学生核心素养的培育与深度学习。学习过程本身就是一种成长，师生在支架式教学过程中属于协作关系，两者的平衡有利于学生知识的增长与能力的提高。教师对学生的评价日益多元化，有助于促进学生学科素养的提升。效果评价虽然是支架式教学模式的后续板块，但并不意味着支架式教学过程的结束，需要在新的基础上实现再突破。

比如，学生可以参与自我评价和同伴评价的过程。学生通过写反思日志或学习笔记记录自己的学习过程和体会，思考自己的学习策略和思维方式，提出改进建议，并进行自我调整；学生通过学习展示和口头报告的形式分享自己的学习成果和思考过程，接受来自教师和同学的评价和建议。教师可以针对学生表现以及其解决问题的能力、合作与沟通的技巧等方面进行评价。

3. 课后：应用实践，迁移创新

在支架式教学中，应用实践和迁移创新是帮助学生将所学知识和技能应用到实际情境中并进行创新的重要环节。通过将所学知识与实际情境相结合，激发学生的学习动力，提高他们的学习成效，并鼓励学生在新领域进行创新，进而培养学生综合能力和创造性思维。

在学习数学概念与解题方法时，教师可以引导学生将所学的数学知识应用到新的问题中，并鼓励他们提出创新的解决方法。例如，学生可以通过应用几何知识设计房间布局、制作数学游戏等，展示对所学数学的创新运用。

在学习历史或文学时，教师可以鼓励学生进行批判性思考，探索历史事件或文学作品对现实世界的影响，并提出有创新性的观点和解释。例如，学生可以通过写作、辩论或者多媒体展示等方式，展示他们对历史事件或文学作品的独特见解。

支架式教学以学生为主体，以教师为主导，在学习过程中给学习者充分的学习时间和空间，并为其营造有利于自主学习的情境，借助一切可利用的支架帮助学生掌握知识、发展能力。支架式教学模式的形式并不是一成不变的，在具体实施中，可根据具体教学内容和学生的实际情况进行优化和调整。

专题七
以学习为中心的沉浸式课堂：
体验与感悟

沉浸式课堂是基于指向课堂素养培养的学科典型教学范式。在学生的学习活动中，它以学生为主体，以学习为中心，从本我的角度去剖析学习问题、培养思考能力、提高学习技能与兴趣，让学生在体验与感悟中更好地促进综合素养的形成，是构建高效的教学和学习效果的一种新教学范式。

随着新一轮基础教育课程改革的推进，教育教学工作者们对新课程标准有了新的认识。在教学中如何根据新的课标精准施教，更好地促进高效学习，沉浸式课堂便是其中一个重要课型，帮助学生在体验与感悟中快乐学习，达到理想的学习效果。

主题 1

沉浸式课堂阐述

一、沉浸式课堂概念

沉浸式课堂是在新课程标准及双减政策指引下，借用新认知理论（具身体验理论）和新科学技术的支持，基于指向课堂素养培养的学科典型教学范式。在学生的学习活动中，以学生为主体，以学习为中心，通过体验与感悟（即沉浸式情绪体验——创设情境激学，沉浸式知识体验——直观真实导学，沉浸式形体体验——四层五步趣学，沉浸式意志体验——正向目标延学），进而为学习动机赋能，为高效大脑赋分，为核心素养赋力，为持续毅力赋值，构建高效的教学和学习效果的新教学范式。

沉浸式课堂从学生本我的角度去剖析学习问题、培养思考能力、提高学习技能与兴趣，进而让学生在体验与感悟中更好地促进综合素养的形成。其实施目的在于通过多元的方式促使学生积极主动地沉浸到课堂学习中，获得丰富的学习体验、感悟，达到理想的学习效果。作为一种全新的课堂教学范式，沉浸式课堂对于实现课堂高效教学有极其重要的价值。怎样让形式转变为真实？让学生身心愉悦地参与、提升学习的主动性、专注力，真正促进学生健康、主动、健全地向上发展，具身体验课堂教学无疑是一条重要的路径，它可以赋予课堂以真实的力量。

中国教育学家蔡元培曾言："唯有专心致志，把心力集中在学问上，才能事半功倍。"学校的学习在课堂，课堂的效率在专心致志。经过调研，目前学校的课堂中，仍存在忽视课堂主体（学生），缺乏环节剖析的现象，课堂教学缺乏真实情境，教师允诺无法实现，整个环节松散、枯燥乏味，致使整个教学缺乏严谨性，思维过于零散，容易让学生分心。如何实现专心致志，那便需要学生全身心地投入学习，即沉浸其中，通过体验、感悟等成为课堂行进过程中的真正主人，由此可以排除干扰，提高学习的专注度，提升学习效率。基于此，各学科教师都应当全面、深入了解沉浸式教学，力将沉浸式教学进程贯穿课堂全程，进而发挥沉浸式教学作用，助力学生充分感受学习的魅力，提升核心素养。

二、沉浸式课堂课型优势

沉浸式课堂，对教师素养提出了更高的要求。沉浸式课堂不仅促进教师的研学，提高教师素养，助推教师专业成长，更促进其深度学习，推进育人实效，培育学生学科核心素养，聚焦以学为中心，以达成高效"三位一体"优势。

1. 学生：能力素养品质更优生长

首先，沉浸式课堂重塑了学生的学习方式，使学生获得高度体验，实现了学生专注力高度集中，学习高度参与这一目标。经过多年的探索，使学生从被动学习走向探究式主动学习。原先注意力在 15 分钟以上的学生占 36.58%。在开展了为期多年的沉浸式课堂学习教学模式之后，学生的专注力显著提高，注意力在 15 分钟以上的同学占 83.57%，大大提高了学习效率。与此同时，学习的动机逐渐增强。学生学习领域更加开放，从书本延伸到实际生活，从课堂延伸到课外体验。学生的学习方式有了很大转变，体验实践等学习方式在课堂中得到广泛运用。

其次，培养了学生的综合素养，在具体形象、趣味延展中，实现学科均衡发展。课堂教学的开展拓宽了教师的教学视野，同时也拓宽了学生学习的领域。学生的学习兴趣更加浓厚，表达更加清晰，动手操作能力更强，艺术素养、体育技能、审美情趣得到了提升，各学科均衡发展，不再出现偏科的现象，大大提升了学生的综合素质。

2. 学校：主客双向建设更好实现

首先，沉浸式课堂教学范式创建，促进客观环境建设。学校开辟了各个体验式的学科角，同时加入了教学功能、生活功能、交流功能，设置了讲演示范区、特需学习区、集体学习区、信息发布区、学习支持中心、自主学习中心、互助学习中心、成果交流中心、成长故事区等，打造了沉浸式学习功能区，让沉浸式教学更好地开展。

其次，沉浸课堂研究使学校学习氛围被有效调动。它强调教师个体加强体验学习理论、具身学习理论、学习环境设计、课堂教学改革等理论学习，提升理论素养，通过同伴互助的方式建立师徒学习团队，成立项目化学习小组，从团队层面上落实教师认识，使教学能力真正提高；坚持集体备课集体研讨制度，通过每周一次备课组研讨和一次学科组研讨，落实每月一次阶段性成果分享，每位教师每学期至少有一次教学展示或经验分享。有研究就要有展示，学校搭建了一系列平台，在展示中研究，在活动中提升，从而将课堂教学改革落到实处。

三、沉浸式课型运用现状

通过诸多研究发现，对于物理、化学、生物、数学、体育等学科课堂而言，其本身便具有沉浸式的功能，可以通过生活化的表达、实验、实践等达到有效的教学目的。沉浸式课型对语文、英语、政治、历史、音乐、美术等学科具有显著功效，更适合这个课型，进而达成更好的效果。

教师在单元教学中充分展示学科魅力的同时，依旧要激发学生学习兴趣，积极引导学生深入思考，见微知著培养其分析性思维、实用性思维、创造性思维。因此，我们可以探索更贴近学生心理特点的教学活动。

除了"历史剧""英语剧""音乐剧"以外，还可以采用各种各样的阅读后表演、音乐环境布置、线上VR展区、沉浸式英语学习体验等形式，让学生个体拥有强烈代入感，让学习更轻松、更真实，更助于理解，更具有体验性和迁移性。当然，可以采用技术、环境加持的方式，让沉浸式课堂更为高效，如AR智能测评手段、AR科技馆、博物馆、美术馆、VR体验等。

主题 2

靶准序列——沉浸式课型模式实施建构

沉浸式课堂的教学典型范式，是教师基于学生身心，在不断实践探索中，通过反复教研总结探索发现的一种体系和框架（如图 7-1 所示）。

专题七 以学习为中心的沉浸式课堂：体验与感悟

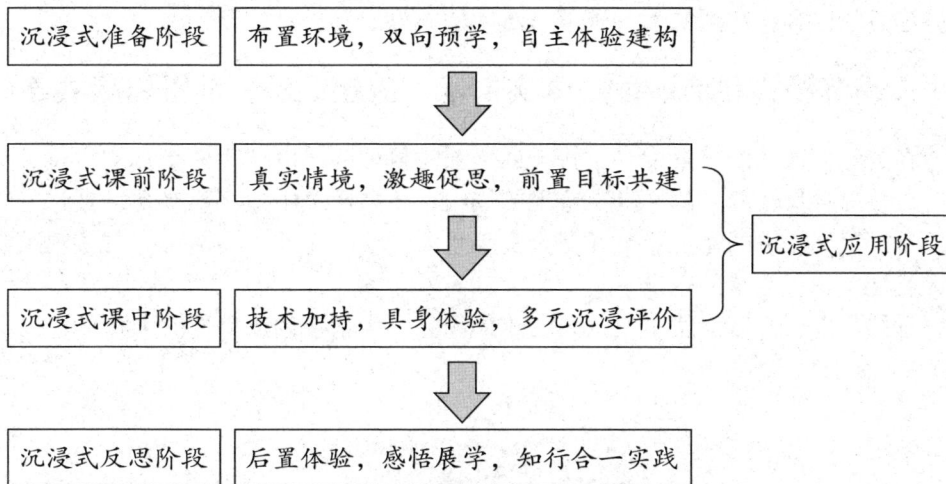

| 沉浸式准备阶段 | 布置环境，双向预学，自主体验建构 |

↓

| 沉浸式课前阶段 | 真实情境，激趣促思，前置目标共建 |

↓

| 沉浸式课中阶段 | 技术加持，具身体验，多元沉浸评价 |

沉浸式应用阶段

↓

| 沉浸式反思阶段 | 后置体验，感悟展学，知行合一实践 |

图 7-1　沉浸式课堂教学流程图

本研究从准备、课前、课中以及课后四个阶段出发，构建了"布置环境，双向预学，自主体验建构—真实情境，激趣促思，前置目标共建—技术加持，具身体验，多元沉浸评价—后置体验，感悟展学，知行合一实践"的课堂教学流程图，旨在促进教师更适恰地教学，学生更有趣味、更有参与感的学习，提升教育教学的有效性。

一、沉浸式准备阶段：布置环境，双向预学，自主体验建构

目前不少教师不太重视预习，认为即使布置了预习任务也没用，学生不会真正进行预习，认为只要抓紧课堂上的学习就够了。其实不然，真正有价值的学习是以学生个体经验为基础，对知识主动建构的过程，更是学生全面、个性发展的过程。沉浸式课堂典型范式应当是一个长过程，其中准备阶段是课堂学习中隐性的一个环节，它对课堂的教学起着十分重要的铺垫作用。新课标充分强调学生的主体性，教师应当尊重学生的自主体验、思维方式和情感态度。

对于中学生来说，知识体系难度增大，需要有效的预学准备，对于小学生来说更是需要有效指引。因此，在上课之前，教师要在有效指引下开展预学准备，使学生能够自主体验，率先架构自身的逻辑体系、思维方式及情感态度。

当然在课前的预学准备阶段，教师也应当积极和学生共建评价机制，共同参与预习期间的评价，促成学生积极主动探索，自主构建前经验，主动生发学习动机，让课堂学习更为轻松、有效。与此同时，把学习的自主权交给学生，使之在课堂的具身体验中更为积极地参与讨论、发表意见，形成良好的学习氛围，真正

掌握学习的内容，达到愿学、乐学、活学的效果。

二、沉浸式课前阶段：真实情境，激趣促思，前置目标共建

在沉浸式课堂的教学中，正式上课之前需要做两件事情，一是真实情境的创设，二是前置目标的共建。真实情境的创设，能够激发学生学习兴趣，促进其主动学习，提升相关的能力。可开展真实环境的创设，也可开展语言上真实情境的创设、社会真实情境的创设等。

学校可以积极创建研学馆，采购相应物品，为学生创造良性的真实环境（如图 7-2 所示）。

情境体验学习

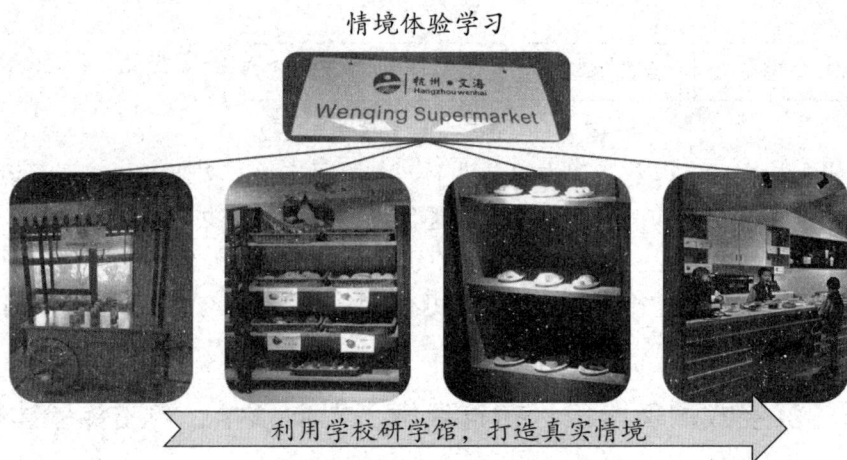

图 7-2 沉浸式课前环境创设

前置目标共建是指在课前教师出示学习目标，然后与学生共同探讨目标的难易程度，如果过于简单，那么将教学的目标向上调整，如学校里大部分学生的识字量比较大，对于生字本身的读音已经非常熟悉了，学生想要了解某些生字和词语背后的意思及相关背景，那么教师在共建学习目标之后，将重点放在学生想要了解的地方，这样的课堂不仅重点学透了，而且可增强学生"我想学、我要学"的主动学习意识。课上用共建的前置目标进行学习，其核心和主线就非常明确，学生可以拥有一个更为广阔的学习空间，充分提升其创造力，在较短时间内，能够体悟到依据目标自主学习带来的喜悦感和成就感，有效地激发了学习兴趣，提高学习效率，打造高效课堂。

三、沉浸式课中阶段：技术加持，具身体验，多元沉浸评价

王会亭教授指出，"具身性、生成性、动力性和情境性将成为未来课堂有效

专题七 以学习为中心的沉浸式课堂：体验与感悟

教学的应然态势"。教师忽视学生的身心容易压抑学生的天性，无论是学生的经验性、体认性还是参与性都严重受挫，最终导致课堂身心分离、主客分离、知行分离。具身认知的核心内涵指出，无论是认知还是心智均是由身体的动作和形式决定的，为此，教师在课中阶段，应当积极开展身心合一的学习，让具身体验、感悟为主的沉浸式体验课堂更为深入、高效。

在课堂教学时，要注重学、评、教一致的学习过程，在课中阶段，科学开展沉浸式学习的同时，也需要展开多元评价。新课标指出，"综合运用多种评价方式，促进知行合一。借助成长记录袋、日常行为表现记录卡等定性和定量多种评价方式，提升评价的科学性、专业性和客观性"。

教学以单元整体为理念，基于真实的体验评价，整体梳理与把握教学主题与目标，教师要熟悉教材话题和系统编写意图，明确学生的学情和已知，有效激活和链接已学主题和语言，做到内容与情境的链接。如解读语篇的时候要关注学生思维的发展，用问题链的方式对知识进行构建，但要注意不要局限学生的思维，要引导学生进行整合运用。落实课堂学生的主体性，要注重评价的载体选择，而不能单单注重形式。

双向沉浸式协同育人评价单是建立在理解式、表达式、体验式协同育人活动后，进行的与之相对应的多方位全面性评价方式。即主要根据活动目标等，从态度、方法、成果等多维度进行评价，并以学生、家长、教师等全方位参与进行评价，是一种将过程与结果、数据量化与陈述性进行统一的评价模式，让学生沉浸在整个评价体系中，进而更好地落实核心素养（如表7-1所示）。

表7-1 《家是最温暖的地方》"双向沉浸式"协同育人评价单

双向"理解式"单元活动评价			
单元活动单内容	活动目标	评价内容	评价方式
调查理解类单元活动	感受父母默默的爱	观察态度：（ ）星 观察方法：（ ）星 观察数目：（ ）星	学生自评
共读理解类单元活动	加深对彼此的理解	阅读态度：（ ）星 阅读方法：（ ）星 理解程度：（ ）星	家长评

双向"表达式"单元活动评价			
共写表达类单元活动	角色互换体验爱	表达礼仪：（　　）星 思考方法：（　　）星 表达结果：（　　）星	亲子共评
劳动表达类单元活动	共生家庭责任之感	劳动态度：（　　）星 劳动方法：（　　）星 实践成果：（　　）星	家长评
双向"体验式"单元活动评价			
比较体验类单元活动	了解家庭历史变迁	成果展示：（　　）星	家长评
活动体验类单元活动	体验家庭文化传统	如果体验成果优秀，请给对方一个温暖的拥抱，并进行评价	亲子共评

通过这样的"双向沉浸式"协同育人评价单，无论是学生的素养还是家长的责任感都得以显著提升。

四、沉浸式反思阶段：后置体验，感悟展学，知行合一实践

学习是一场马拉松，是一种长效的过程。后置体验感悟展学是在前期准备阶段、课前阶段及课中阶段学习后，开展的一种后置性、拓展性的体验活动。

人是知情意行整体统一的个体。具身认知理论认为，身体体验和心智认知之间联系紧密，生理体验影响心智认知，心智认知促进身体体验。为此，在进行后置体验展学的过程中，建议展开知行合一的相关实践活动。

如在音乐课上学习了红歌之后，学生走进敬老院，将美妙的乐曲带给老人；用自己在美术课上学到的手工技术，制作各种各样可爱的物品，写下语文课上学到的祝福语，将最美的祝福带给老人。

通过这样的方式，让学生的学习回归到真实的生活中，让生命更加精彩。

主题3

以微知著——沉浸式课型模式进阶策略

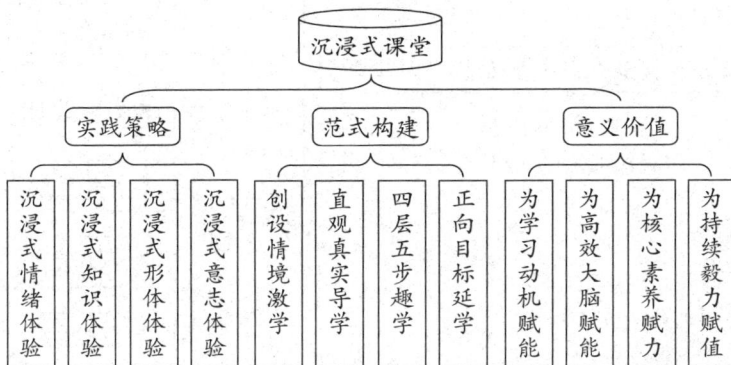

```
                    沉浸式课堂
        ┌──────────────┼──────────────┐
      实践策略        范式构建        意义价值
   ┌──┬──┬──┬──┐  ┌──┬──┬──┬──┐  ┌──┬──┬──┬──┐
   沉  沉  沉  沉   创  直  四  正   为  为  为  为
   浸  浸  浸  浸   设  观  层  向   学  高  核  持
   式  式  式  式   情  真  五  目   习  效  心  续
   情  知  形  意   境  实  步  标   动  大  素  毅
   绪  识  体  志   激  导  趣  延   机  脑  养  力
   体  体  体  体   学  学  学  学   赋  赋  赋  赋
   验  验  验  验                   能  能  力  值
```

图7-3 沉浸式课堂进阶策略图

一、基于新课标架构沉浸式情绪体验策略：创设情境激学

2022版新课标提出，"要注重发挥情境设计与问题提出对学生主动参与教学活动的促进作用，使学生在活动中逐步发展核心素养"。并且在新课标中出现了不少与情境有关的词：真实情境、社会情境、学习情境、语言情境、交际情境等。情境认知学习理论由心理学家马斯洛和罗杰斯建立并发展，此理论强调，个体心理常常在构成、指导和支持认知过程环境中产生。他们认为，认知过程的本质是由情境决定的，情境是所有认知的基础，着重提出知识的学习应建构在真实活动中。这些情境的创设为情绪体验提供了扎实的理论基础。

教师应当善于捕捉教材中的情感元素，带领学生走入学科世界，获得学科情感的满足。通过学科情绪体验、内容情感体验，以及审美体验，丰富学生心灵的情感。思维型教学理论中包括五大要素，首先是动机激发，思维型教学理论强调，要先创设情境，引入问题，从而激发学生的学习动机；然后通过问题的引领和驱动来激发学生的认知冲突；最后再进入社会建构，元认知和应用迁移。

在进行情绪体验（创设情境激学）的过程中，其实我们架构以下四种类型和四项基本原则，分别是创设提问情境、创设信息情境、创设生活情境、创设求异情境；坚守诱发性原则、真实性原则、接近性原则和层次性原则等，进而更好地激发学生学习的主动性和创造性（如图7-4所示）。

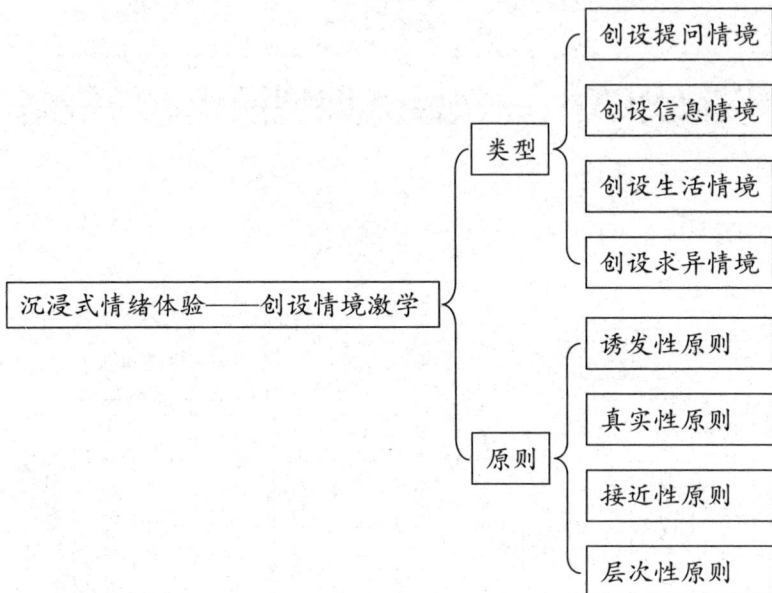

图7-4 沉浸式情绪体验——创设情境激学

1. 创设问题情境，提升质疑反思能力

人具有主动建构知识的能力。绘本可以有效激发情境体验，其内涵的问题导向，能够充分激发和增强思维的灵活性和敏捷性。如数学绘本将数学知识寓于其中，在教学设计过程中，以问题为导向驱动学生阅读，使其学会用数学的眼光看待问题，提升思维的灵活性和敏捷性。

在问题导向的探索过程中，用动手操作的方法来验证自己的猜想，是学习的重要方法，不仅能提高学生的动手实践能力，还能提升学生思维的灵活性和敏捷性。

2. 创设信息情境，激发学生言语表达兴趣

俗话说，兴趣是最好的老师。依低段学生学习特点和心理学规律，学生有意注意持续的时间仅在十五分钟左右。课堂上，如果能适当地选用多媒体方式来激励学生、吸引学生，便能高效地激发学生语言表达的兴趣。

在教学语文二年级下册《蜘蛛开店》时，教师创设一个虚拟化、信息化的对话卡通人物"大树爷爷"，然后创设真实情境，帮助大树爷爷一起思考怎样帮助小蜘蛛将口罩卖出去。随后，让学生针对蜘蛛每次开店的过程进行思考，分析未能成功开店的原因。最后，紧跟主线，学生讲述蜘蛛开店的故事。在此过程中，每个环节大树爷爷都会对学生进行适宜的评价，激发了学生的学习兴趣。

合理利用信息情境能使课堂更加生动、活泼，有效提高学生的学习专注力，提升课堂学习的效果。但在此过程中，教师也要注意不能盲目地使用信息情境，应当在符合学习、符合情境相关原则的基础上进行开展，只有这样，才能更好地促进信息与课堂的良性循环。

3. 创设求异情境，促成发散性思维

在具身课堂典型范式的建构中已提及相关准备阶段的内容，这是基于先学后教而采取的第一个步骤，而求异情境的创设，便是在先学的基础上使用的一种情境创设的方法。因为不同的学生，他们学习的能力各不相同。为此，我们应当积极鼓励学生不依照常规，从不同方向、不同角度和不同方式上给出不同的方法。在此思维过程中，若出现求异因素应当及时给予肯定，甚至在目标学习和评价定制中直接加入求异内容，让学生在创造性思维活动中感受乐趣。

在进行学校科学过山车项目化学习活动的时候，教师给出不一样的挑战任务，在不同的挑战任务中给予求异思维的培育。

如在挑战任务一中，如何比较过山车运动的快慢？教师给出了方法：运动相同的距离，比较（　　）。时间少，运动（　　）；时间多，运动（　　）。除了这两种方法外，还让学生思考"还有什么方法，请你来说一说"。随后有学生提及可以采用运动相同的时间，比较距离。距离长，运动快，距离短，运动慢。随后出示挑战任务二，让学生说一说准备用什么方法测量过山车轨道的长度等。在此基础上进行相应的实践。

通过这样的方式，不仅给予学生方法的指导，更让学生在项目化具身体验活动中，提升发散性思维的能力，从小愿意动脑筋、爱思考，为后期的自身发展奠定基础。

4. 构建情境原则，助力高效情境创设

当然在以上所有情境创设的过程中，更要牢牢把握情境创设的原则，即诱发性原则、真实性原则、接近性原则、层次性原则。由此，情境的创设应当充分激发学生的积极性，结合学生生活实际，创设有效实现情境的问题；当然，在情境创设过程中，也不能离学生生活太远，只有这样，学生才更愿意全身心投入其中。当然，情境的创设应当符合阶梯性特点，让学生的能力逐步提升，方为高效

情境。

二、基于双减政策落实沉浸式知识体验策略：直观真实导学

"合抱之木，生于毫末；九层之台，起于累土。"知识对于低段学生来说是基础堡垒，必须学稳学实，才能更好地促进素养的提升！如果在学习的时候，一味地强调死记硬背，全靠文字、符号开展抽象化的逻辑思维的持续学习，大脑也会因不堪重负降低思维的效率。而真实事物、模型以及其他直观的教具则有助于激活学生的身体感受、情绪体验，唤醒相关联的生活经验，记忆往往更深刻和牢固。为此，应当遵循学科、学生身心发展的规律，让知识通过体验轻松习得。由此，直观教学有着更为深刻的意义（如图7-5所示）。

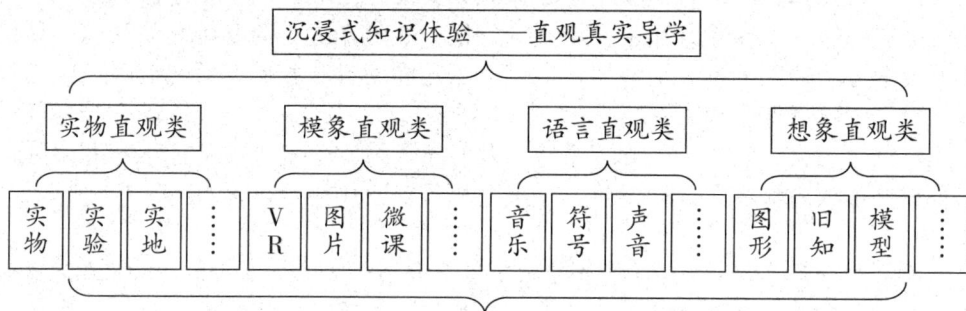

图7-5 沉浸式知识体验——直观真实导学

1. 实物直观类

实物直观是指将实物本身当作直观的对象，随后进行的直观性活动，其包含实验、实物、标本、参观、考察等内容。实物直观，即直接感知要学习的实际事物而进行的一种直观方式。

在进行1克有多重的教学中，学生先找一找需要的事物，从盒中寻找质量为1克的物体；随后进行实验，将物品轻轻地放在电子秤上验证；最后直观感受贴一贴，将找到的1克物品贴在黑色卡纸上。

在整个课堂学习过程中，将体感的1克，采用实物的方式进行直观感受，更能促进学生的量感，与此同时，采用可视化的方式，贴在展板上，保留成板书，不仅更加直观，而且让经验感受的存在更加持久。

2. 模象直观类

实物直观真切，易于培养学生的学习兴趣，但是干扰因素多，为此有时候也需通过模象直观教学进行辅助，突出本质因素和特征。模象直观是一种通过对实

际事物模拟性形象的感知提供感性材料的直观方式。教师可以优化体验手段，采用模象直观的图片、微课、多媒体等建立概念认知。

在进行初中体育篮球课教学时，在学生掌握一定的篮球单手肩上投篮技巧后，教师可以播放一些专家教授单手肩上投篮的教学影片，甚至是比赛的影片，与实际直观相配合。这大大有利于学生继续高质量的学习和在头脑中形成完整的技术动觉。

3. 语言直观类

语言直观是指在具体形象化语言的作用下，借助学生对语言形式的感知及对语义上的理解而开展的一种直观性形式。提到语言直观类，大家会想到语文或英语等语言学科的具身体验，其实不然，在数学等其他课程中也会经常加以呈现或使用。

教师让学生进行多维度体验 1 克可以是什么。个别学习小组组找到了 1 个 2 分硬币是 1 克，4 颗黄豆是 1 克，2 个回形针是 1 克，1 小块橡皮泥是 1 克。也有小组发现了 2 颗黄豆和 1 个回形针组合起来也是 1 克。

随后老师及时口头评价："两种不一样的东西组合起来也能是 1 克，真聪明！可是同学们为什么都没有用老师给大家准备的小面包呢？"学生回答："小面包有 20 克。"教师随机反问："20 克里面就没有 1 克吗？"学生回答："也有 1 克（手撕面包）。"随后教师总结："20 克里面当然能分出 1 克来。如果让你 1 克 1 克地吃这个面包，你要吃几口？"学生迅速地回答："20 口。因为 20 克就是 20 个 1 克合在一起。"

体验不应只停留于独立的物体，还可以从分与合的角度切入，多维度体验基本量，学习基本量不能只学习基本量本身，更要给学生渗透 1 克这个最基本的量也可以由更小的量组成（如一个回形针和 2 颗黄豆）；同理更重的物体也可以看作 1 克这个基本量的组合。体验结束后，用多种度量工具进行验证，让体验更加完整。

4. 想象直观类

想象直观旨在学生能利用空间想象力去感知事物形态发展及操作后变化，同时培养结合图形来解决问题的一种素养和能力。如教师在培养学生的数学空间想象力时，教学内容可以不只是当前探究的问题，还可以进一步延展教学内容，进而凸显学科素养。

"拼正方体"一课，当学生研究完小正方体拼大正方体后，教师紧接着又抛出了一个问题："几个这样的长方体能拼成一个大正方体？"学生经历过小正方体拼大正方体的实践活动，他们很快用拼搭的方式得出结论：4个这样的长方体可以拼成大正方体。教师接着追问："那一定要4个长方体才能拼成正方体吗？有没有更少的？"这个追问能有效激发学生进一步思考，发挥空间想象能力，在前面学习的基础上，能想到用切的方法找到更多的可能性。

其实，教师的授课内容也正是该单元教学内容的延展，贴近学生的最近发展区，帮助学生在本单元的基础知识之上收获更多的空间几何知识。

三、基于具身理论实施沉浸式形体体验策略：四层五步趣学

沉浸式形体体验（身体体验），即一个人身体部分的体验，其中最重要的身体部位为手。为此此处范式重点从手出发，着重提供动手操作范式，其范式流程如图7-6所示。

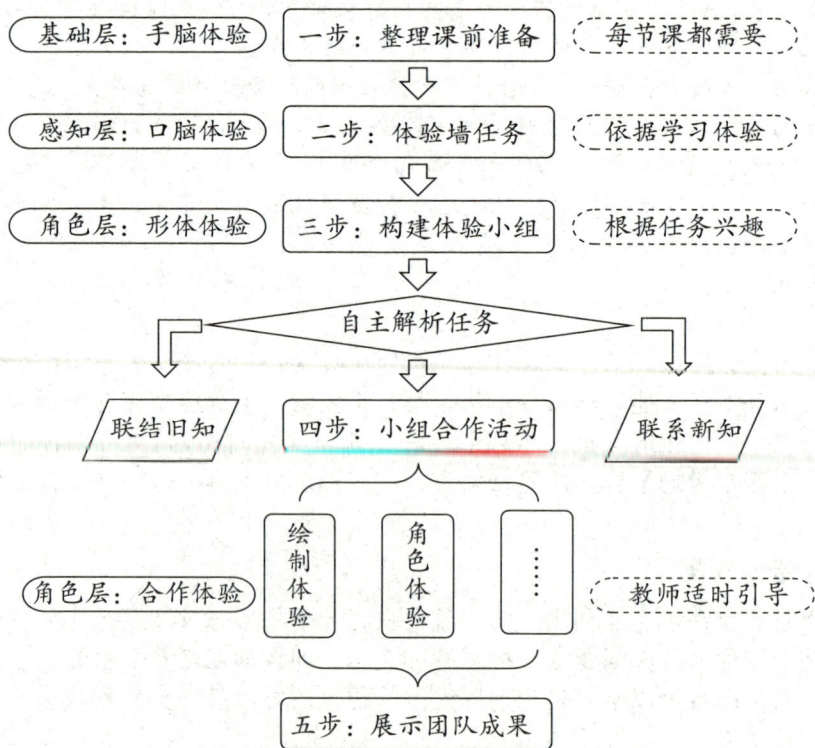

图7-6　沉浸式形体体验——四层五步趣学流程

专题七 以学习为中心的沉浸式课堂：体验与感悟

1.手脑体验：课前整理准备是打造高效课堂的首要一步

在平时进行课堂教学的时候，教师往往会发现有些学生在课堂上会出现各种状况，如需要其中一本书，但不知道丢到哪里去了等。整个课堂的流程就会不够流畅，很容易打断其他学生的专注力，课程也很难推进。对于初中生而言，要想有一个高效的沉浸式课堂，就需要做好课前整理准备，避免因书本较多分散学生的注意力。因此，课前整理准备显得尤为重要。

课前整理准备，其实也是一种独有的具身体验。对于课前准备的整理，在以往教育教学中是比较容易被忽视的，但却是手脑并进的体验方式之一。为此在整个沉浸式课堂中，课前整理准备非常重要。

2.口脑体验：发布体验墙任务是激发学生内驱力的重要活动

对学习动机的激发而言，任务的颁布起着重要的作用。此处体验墙任务的发布，并非教师来发任务，而是学生先给自己出题，然后将题目写在纸上，张贴在任务墙让其他同学来答疑。这种自主提出疑问，同伴之间互助答疑的模式，有利于激发学生内驱力。

通过在任务墙自主发布任务，学生进行口脑体验，并在这个过程中，激发了内驱力，也达到了自主学习的目的。

3.形体体验：构建体验小组是促进能力增长的关键环节

在进行课前整理准备和发布体验墙任务后，学生根据任务的情况，自行分组，然后进行具体实践。分组时，往往以学生的需求为主，尽量让每个学生都能参与其中。在小组合作的时候，常常会遇到一些问题，一些能力差的学生没法参与其中，比如平时合作能力、人际交往能力比较弱的学生往往不受欢迎。对此，教师可以给予相应的引导。

可以按学号分组，如 1~8 号为一组，人员尽量不超过 8 人，人太多分工就很难明确，使得学生能力无法提升。当然有些活动是需要回家合作完成的，那么建议以居住地远近进行合理分配；有些主题活动，如科学项目化活动过山车中，评比项目有"最险过山车""最佳创意过山车""美观低碳过山车"，那么，学生可以根据爱好和特长选择其中一种过山车类型。

当然分组的方式有很多种，但在构建体验小组之后，小组成员应当共同制定合作公约，如遇到不同意见该怎么办、如何进行分工、谁来当组长等等，只有在有原则、有规则的前提下，整个体验才能更好地开展。

在此过程中，学生之间需要沟通交流，共同制定约定、自主组建队伍等，这些都是在进行形体的体验，能显著增强学生的合作能力，为高效学习隐性赋能。

4.合作体验：小组合作活动与展示团队成果

小组合作是影响学生学习能力的一种体验方式。在合作过程中，学生需要通过肢体、语言等进行具身体验。在开展小组合作活动以及展示团队成果的过程中，学生的合作能力和自信心得到了充分锻炼。

通过这样的方式，学生的学习力、思考力、人际交往能力都得以提升，在合作中通过查资料、自己动手制作表演工具等，将其他学科的技能充分展现，大大提升了学生的各项素养。

四、基于科学技术开展沉浸式意志体验策略：塑造品质教学

意志是人自觉主动地确立目标，并且依据目标主动地调节自我行为，努力克服困难进而实现自我目标的心理过程。它不仅是心理机制，更是一种生理机制，来源于大脑前额叶皮质，由人的大脑决定。意志在学习中具有极其重要的作用，在心理方面有助于调节其注意力、观察力、思维力、情绪等，在行为方面更有助于调节学生的行为。它能使学生的学习活动更具有目标性和方向性，使学习更加深入、广泛，当然也可以帮助学生排除学习活动中的困扰，维持学习活动的进行。

1.目标确立：结合自我体验，自主确定学习目标

特级教师魏书生曾言："背起书包来到学校，走进学室拿出学材，开始自学，遇到问题查找资料，实在不会大家商量，没有答案再问前面这个人。"对于学生来说，主动学习尤为重要。如何促进学生主动学习，除了上面提及的内容之外，还有一项特别重要的内容便是目标的确立。但目标的确立不能教师直接包揽，而是由学生结合以往经验，对预习阶段体验后产生的问题进行反思，明确这节课哪些地方已经掌握得很好了，哪些地方还需要加强，然后自主确定学习目标。

自主确定的学习目标，能有效促进学生对自我的认知，也能更好地向着自己的目标前进，更能依标定规，对评价产生深刻的影响。

2.行为调节：联系社会体验，主动调节行为过程

有些学习如音乐的学习、朗诵的学习、美术的学习、劳动课上的技能学习等，都能有效地联结课外，通过社会服务等方式，让学生主动去学习新知识，进而更好地带动部分不太想学习的学生，让其明晰学习的意义。

尊老爱幼是中华的传统美德，不仅有利于学生将所学知识更好地运用到生活

中，也有利于让学生明确学习的意义，更重要的是可以让学生接触社会、了解社会，并能从中感悟社会公益的责任与担当。

目前，学生家长们有很多无形的责任：工作、家庭、孩子。家长会有这样的烦恼：一方面在外辛苦工作，为了更好的将来打拼；另一方面又在想，我们的父母现在又该想我们多少次呢？但又有多少子女能体会到父母的爱？基于双向困惑，教师让学生和家长一起看望敬老院的老人。在活动过程中，有些家长会俯身跟老人们聊聊天，有些家长和孩子一起给老人捶背，学生在父母的影响下，会有更多的感触。在整个活动过程中，家长的感言令人感动，学生将音乐课上学习的表演、美术课上学会的贺卡制作、劳动课上学会的按摩技能充分运用，为老人带来温暖，不仅让学生展示了自己的才艺、变得更加自信，也让他们德育的种子在这场活动中得以萌芽！

不得不说，一场联结社会的体验活动真正触动了学生内心，主动调节行为过程。而这场体验活动给学生、家长带来巨大的触动。活动过后，家长们纷纷发表感言：活泼可爱的舞蹈，优美婉转的歌声，用心准备的礼物……无不承载着孩子的爱心和温暖。也有学生说，"以后也要对爷爷奶奶更好一些，比如给奶奶多夹菜，帮奶奶做家务，希望以后再去看望敬老院的爷爷奶奶"等，更有学生表示，回校要更好地学习，来年再将自己的才艺带给敬老院的爷爷奶奶们。

3. 困难克服：联结阅读体验，建构积极向上情绪

具身认知理论认为身体在信息加工中具有关键作用。个体通过身体与外部世界联结，并通过实践的形式管理、控制和引导情绪。具身认知将认知、身体、环境联系在一起，让我们认识到情绪在具体情境中依靠知识、体验、交互来掌握话语权和主动权。具身认知视角下，培养低段儿童情绪管理能力，有以下显著意义。

首先，契合低段儿童身心认知水平。低段学生以具体形象思维为主，他们活泼好动，精力充沛，喜欢具体的、实物化的体验、感受。真实、具体、可感知的情境，能够更生动、形象地帮助他们理解情绪，提高情绪管理能力。

其次，顺应低段儿童社会情感发展。情绪管理不是孤立的，作为具有社会性特点的人，情绪易受到外界环境的影响。具身认知理论强调认知、身体与环境的联系，可以帮低段儿童在社会实践中培养情绪管理能力。

4. 达标评价：联合评价体验，激发持续性毅力

新课程标准提倡"立足过程，促进发展"的课程评价。无论是多元评价、

多主体参与的评价还是全方位评价都能激发学生的动力，如果在此基础上将评价与具身体验相结合，那么将激发学生持续性的毅力。

为减轻学生期末的课业负担，全面考查学生英语学科素养，多样化评价低段学生的成长，学校采用绿色评价的方式取代传统的纸笔测试。针对低段学生需要达到的各项英语能力目标，学校设计模块过关项目，设定主题"我们去旅行吧"。在这次体验式学习评价中设置了旅行前的准备、旅行途中的购物和到达埃及寻宝这三个大的情境，并根据学生一学期学习所得，将此次体验式学习评价分为以下六个场馆活动。

表7-2　体验式学习评价

场馆位置	场馆主题	测评内容	学科体现	目标达成
体育馆二楼	准备出发吧！test fun	English for kids Unit 7 & Unit 8	语言能力、学习能力（关键能力）。	基础过关，夯实基础，避免两极分化。
研学旅行馆	我们旅行吧！in the airport	Unit 1—Unit 8 & shopping	在语言能力和学习能力的基础上具备思维能力。	真实运用语言，培养灵活解决问题的能力。
体院馆一楼	埃及寻宝1 spelling fun	Letterland	在语言能力和学习能力的基础上具备思维能力和文化品格。	具有团队合作意识，运用和解决问题的能力，并有跨文化意识，具有强烈的家国情怀。
体育馆一楼	埃及寻宝2 guessing fun	Unit 1—Unit 6 words		
体育馆一楼	埃及寻宝3 little ambassador	Unit 1—Unit 8 word & sentences		
教工食堂	美食大作战 food party	Unit 1—Unit 8	在语言能力和学习能力的基础上具备思维能力。	真实运用语言，培养灵活解决问题的能力。

专题八
以学习为中心的项目式课堂：探究与创新

　　项目式课堂是一种学生通过项目式学习的课堂。在课堂中，学生通过对学科或跨学科的驱动性问题进行持续深入的探索，在调动所有知识、能力、品质等创造性地解决问题、公开展示他们的项目成果的基础上，逐步习得知识、迁移技能，形成关键品格，发展高阶思维能力和核心素养。

新课程标准背景下，整个育人导向更加清晰，即一切指向学生核心素养的发展。回归到各个学科的育人方式，则强调学科的实践性、综合性、跨学科等，强调通过基于真实情境的问题解决，培养学生解决问题的能力、合作能力、沟通能力、创新能力等综合能力。

在传统的课堂中，教师往往起主导作用，负责解释教材内容、讲解知识点、布置作业和进行考试评估；学生则被动接受和记忆知识，并按照教师的指导和要求完成作业和考试。传统的课堂教学模式形成了教师单向灌输、学生被动接受的局面。很显然，这与 21 世纪人才培养的要求是不相符的，这种模式承担不了培养高素质创造性人才的重担，因此，改变传统教学模式，打造适应新课改要求的高效课堂新模式势在必行。

近年来，项目式学习凭借其在发展学生批判性思维、创新能力、问题解决能力和团队协作能力等方面的优势迅速成为国内教育界关注的热点。它能改善传统课堂中学生被动接受知识的局面，让学习变得更加有趣和富有意义。项目式课堂正在真正颠覆着传统式课堂。

主题 1

项目式课堂阐述

一、项目式课堂概述

项目式课堂是一种学生通过项目式学习的课堂，指学生在课堂中对学科或跨学科的驱动性问题进行持续深入的探索，在调动所有知识、能力、品质等创造性地解决问题、公开展示他们的项目成果的基础上，逐步习得知识、迁移技能，形成关键品格，发展高阶思维能力和核心素养。

在项目式课堂中，教师的角色发生着变化，学生也拥有了更多的学习自主权，自己分析问题，制定项目规划，并通过小组合作分解问题、搜集资料、设计创新、讨论质疑等实施项目，并进行项目展示，最后通过汇报交流和复盘反思完成整个项目式学习。

1. 项目式课堂与传统式课堂的区别

（1）学习目标上的区别

在传统式课堂中，学习目标主要以知识的掌握和应用为主，强调对事实和概念的理解和记忆。而在项目式课堂中，学习目标主要以学生的能力和素养的培养为主，强调解决问题能力、合作能力、沟通能力、创新能力等综合能力的发展。

（2）学习内容上的区别

传统式课堂主要以教材内容为基础进行教学，强调知识的传授和应用。而项目式课堂通过项目的选择和设计，使学生能接触真实的问题和情境，学习有关的知识和技能，培养学生的综合能力。

（3）学习方式上的区别

传统式课堂注重教师的讲解和学生的接受，学生主要进行知识的消化和记忆。而项目式课堂强调学生的主动学习和实践、探究和创新，学生通过项目的策划、实施和反思，进行自主探究和学习。

综上所述，与传统式课堂相比，项目式课堂注重学生的主动参与和实践、探究和创新，在学习为中心的教学模式下，学生能够更全面地发展自身的能力和素养。

2. 项目式课堂的特点

项目式课堂与传统的授课模式不同，强调学生的主动参与和合作学习，具有以下特点：

（1）项目为核心

项目在项目式课堂中是学习的核心组成部分。学生通过参与项目的实践活动，应用和整合各种学科知识和技能，解决真实的问题。

（2）主动参与和自主学习

项目式课堂注重学生的主动性和学习兴趣，鼓励学生在项目中发挥积极的作用。学生有更多的自主选择权和决策权，能够制定学习目标和计划，并负责项目的执行和管理。

（3）合作和沟通学习

项目式课堂强调学生之间的合作和沟通学习。学生通过与他人合作和沟通解决问题，分享资源和知识，培养合作与沟通能力。

（4）实践与应用导向

项目式课堂强调将学习与实际应用相结合。学生通过实际项目的实践活动，将学习的知识和技能应用到解决实际问题中，提升解决问题的能力和应用能力。

（5）公开成果

项目式课堂鼓励学生运用不同学科的知识与技能解决问题，并对实施过程中所产生的产品或成果进行公开展示。这些成果可以是实际的和可视化的作品、解决方案、报告、展示、演示等，是学生在项目中所学知识和技能的展现，体现出项目式学习的实际应用性和实践意义。

（6）反思与评估

项目式课堂注重反思和评估学习的过程和成果。学生通过反思自己的学习过程，总结经验教训，并利用评估结果来改进项目和学习策略。

3. 项目式课堂的价值性

《义务教育课程方案和课程标准（2022年版）》指出要变革育人方式，突出实践，要突出学科思想方法和探究方式的学习，加强知行合一、学思结合，倡导"做中学""用中学""创中学"。在项目式课堂中，学生不是为了得到高分而学习，也不是因在动机驱使去学习，而是被项目吸引，以一种"做科学"的方式去解决问题。基于项目的学习对学生来说是鲜活的，它让课堂充满了创造力和感染力。项目式课堂体现以"学生为中心"，聚焦"以学习为中心"，从根本上改变了学生、教师、学习材料和学习环境这四个教学要素之间的关系及作用。学生是学习的主体，做一名真正的发现者和探索者，教师则成为学生学习的协作者。

分析近几年国内外关于"项目式学习"的实践，发现项目式课堂有非常出色的育人价值，主要包括以下几点：

（1）主动性和探索性学习

在各学科项目式课堂教学实施的过程中，学生体现出了比传统式课堂中更浓厚的学习兴趣。项目式课堂促使学生主动学习，激发了他们探究问题的欲望。这种主动性和探索性的学习方式更好地体现出"以学习为中心"，可以培养学生的自主学习能力、问题解决能力和创新能力。

（2）跨学科整合和应用能力

在项目式课堂中，学生需要运用多维度的知识、技能和态度去解决问题，所涉及的知识是多方面的，知识的整合是多层次的，可以是单个或多个章节知识的整合，也可以是跨学科知识的整合。这种跨学科整合和应用能力培养了学生的综合能力和跨学科思维，使学生能够更好地应对复杂的现实问题。

（3）合作与协作能力

项目式课堂鼓励学生进行合作学习和团队合作。在项目中，学生需要与他人合作，分享资源和知识，共同解决问题。这种合作与协作培养了学生的团队合作意识和协调能力。

（4）反思和高阶思维

在项目式课堂中，学生需要找到创新的解决方案，提出独特的观点和见解。通过这个过程，能够培养创造性思维能力，通过思考和发现新的解决方案，推动项目的进一步发展。项目式课堂鼓励学生对问题进行深入的思考和分析，提出质疑和反思。学生需要学会评估不同的选项和决策，对自己和他人的观点进行批判性思考。通过这个思维过程，可以培养学生批判性思维能力，并使之做出明智的决策。这种反思和高阶思维锻炼培养了学生的自我意识和批判性、创造性等高阶思维能力，促使他们更高效地学习和成长。

（5）能够实现学生核心素养的提升

在项目式课堂中，学生根据驱动性问题，运用已有的学科知识和技能和他人合作来解决真实情境中的问题，通过制订计划、实施探究方案、实验操作和分析数据、建构模型、科学解释、合作和交流等方式创造性地解决问题，并合理地展示公开成果。经历这一过程，学生对相关核心概念的理解将更加深刻，沟通和合作能力逐步提高，问题解决和创新等综合能力得以发展，由此提升自身的核心素养。

二、项目式课堂的适切性

1. 项目式学习的基本类型

在当前教育背景下，项目式教学与当前学科教学有机融合，能够在基础教育的实践领域里面落地。根据项目内容涉及知识点、模式大小将项目式学习分为三大基本类型。

第一类是基于某一知识点或主题的深入探究。将抽象的知识形象化，加深学生对核心概念、原理和理论的理解，进行有意义的建构，并能在一定的问题情境中进行灵活迁移和运用。

第二类是学科内知识的统整和延伸。比如从单元视角、整本书视角、某个学科的主题视角等，根据学科内知识体系的纵向关联，进行学科内知识的统整与延伸，使碎片化知识整合成具有内在逻辑关系的知识体系，提升学生解决实际问题的能力。

第三类是跨学科问题的解决。打破学科之间的界限，融合多学科的知识，在问题情境中以主题的方式导入，有效拓展和延伸课堂，使学科知识与实际生活有机结合，有助于学生获得整体性认识，促进学生复杂问题解决能力、综合能力和整体人格的健全发展。

2. 适合开展项目式学习的学科和领域

项目式学习适合于多种课堂教学，特别是以下几个学科和领域。

科学与自然学科：项目式学习可以让学生进行实验和科学研究，通过自己设计实验来探索科学原理和现象。

数学应用与实践：项目式学习可以让学生应用数学知识和技能解决实际问题，如通过调查和统计进行数据分析、建模和预测等活动实践。

社会研究和人文科学：学生可以通过项目式学习深入研究社会问题、历史事件和文化现象，并以调查、讨论和展示等活动形式来分享他们的学习成果。

艺术和创作学科：项目式学习可以鼓励学生进行艺术创作和表演，如音乐、舞蹈、绘画、戏剧等，通过实践和探索来提高艺术表达和创新能力。

工程和技术学科：通过项目式学习，学生可以进行工程设计和技术创新，如制作机械模型、编程控制器、设计网站等，培养他们解决实际问题的能力和创新思维。

跨学科综合课程：项目式学习非常适合多学科的综合课程，如STEAM（科学、技术、工程、艺术、数学）课程，让学生在实际项目中综合应用各个学科的知识和技能。

综上所述，项目式学习是一种合作和探究、实践和创新的学习方式，适用于多种课堂教学情境，能够促进学生深度学习，提高批判思考和解决问题的能力。通过项目式学习，学生能够全面发展各方面能力，并将所学的知识和技能应用到实际生活中。

3. 不适合开展项目式学习的课程或主题

虽然项目式学习可以被广泛应用于许多不同的学科和主题，但并不是每一节课或每个主题都适合开展项目式学习。以下课程或主题可能不适合开展项目式学习活动。

基础知识的学习：对于基础知识和概念的学习，项目式学习可能不是最有效的方式。基础知识的学习通常需要系统性讲解、练习和评估，而不适合在一个项目中进行深入的探究。

简单概念或技能的学习：对于一些简单的概念或技能，项目式学习可能会显得过于复杂和烦琐。例如，学习基本的数学运算或拼写规则，通过直接的教学和练习更加高效。

时间限制较短的课程：如果课程时间有限，将无法完成一个完整的项目。项目式学习通常需要较长的时间来进行研究、实践、合作和反思，因此，在时间有限的课程中开展项目式学习可能不切实际。

学科专业性较强的课程：对于某些学科或专业性较强的课程，项目式学习可能难以适应，因为这些课程更注重理论知识、概念和分析，并且有的需要特定的实验设备或专业技能。

评估要求不适应项目式学习的课程：如果课程的评估要求主要基于传统的考试或写作形式，可能会与项目式学习的目标和方式相冲突。项目式学习通常需要更多的自主性、合作性和实践性，因此，课程评估要求需要与之相适应。

在选择开展项目式学习时，教师需要综合考虑课程的目标、内容，以及学生的特点和时间等因素，并根据实际情况进行合理的安排和选择。

主题 2

项目式课堂设计

一、项目式学习设计内容

夏雪梅博士根据巴克教育研究提出项目式学习设计有六个维度（见图 8-1），即核心知识、驱动性问题、高阶认知、学习实践、公开成果、学习评价。在设计项目时要逐条考虑这六个维度。

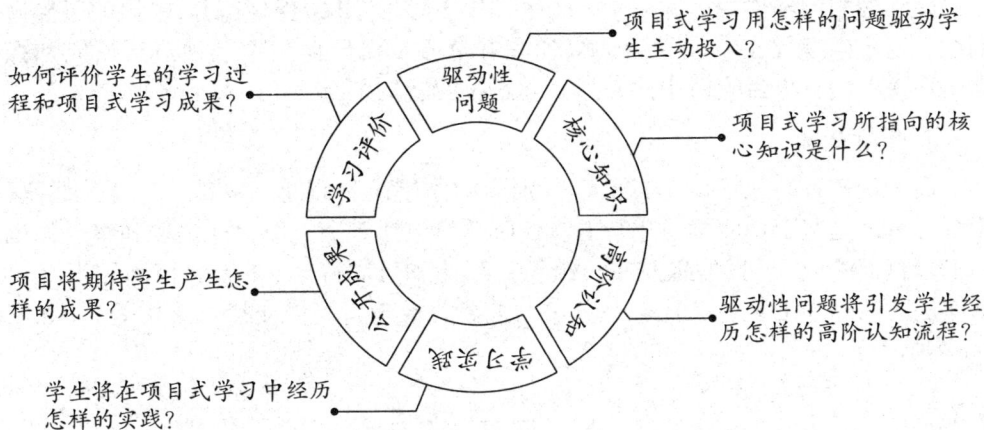

图 8-1 项目式学习设计六维度

1. 核心知识

核心知识是指在某个领域被认为是基础和重要的知识点。它是学习和理解该领域其他内容的基础，也是进一步学习和应用的前提。核心知识通常是对该领域具有决定性意义或高度重要性的概念、原理、理论或事实。

在教学中，知识点是最小单位的知识，一定数量和程度的知识点的综合会形成具体内容领域的学科概念，若干个学科概念的综合会形成更高一级的概念，经过若干层级后指向学科的核心概念，如图 8-2 所示。

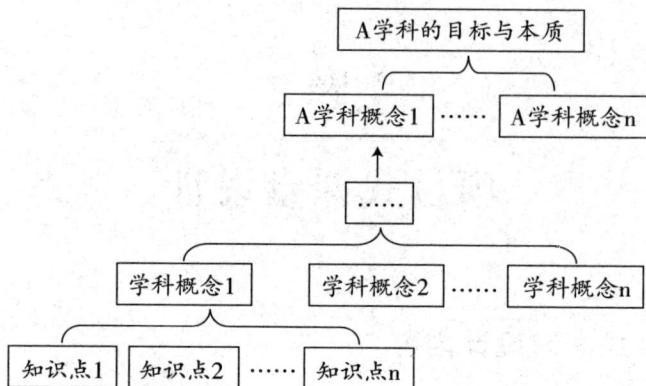

图 8-2　学科知识点和概念之间的关系

2. 驱动性问题

驱动性问题是项目式课堂中，为推动学生思考、探究和行动而提出的引导性问题。这个问题旨在激发学生的兴趣和好奇心，引导他们主动地进行研究和探索，促使他们在项目实践中深入思考和解决问题。

3. 高阶认知

高阶认知策略包括 6 个方面，分别为问题解决、创建、决策、实验、调研、系统分析，是基于低阶学习进行的。低阶学习包括 2 个方面，即获取和整合知识（最基础的学习，包括信息收集、组织、存储和巩固等），扩展和精练知识（更深一层的认知加工，包括比较、分类、抽象、推理、提供支持和分析等），如图8-3 所示。

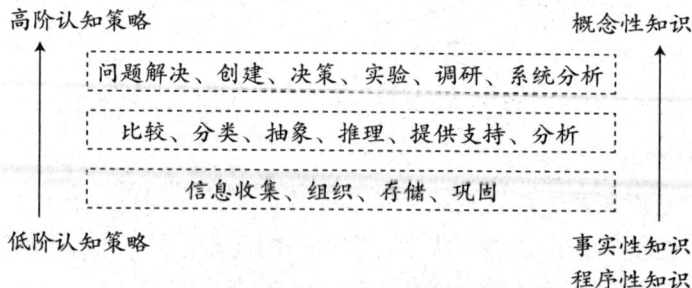

图 8-3　项目式学习中的认知策略

4. 学习实践

学习实践在项目式学习中是指学生通过实际参与和实践，将所学的知识和技能应用到解决实际问题中。项目式学习中的每个学习阶段和步骤包含若干具体活动，这些活动又包含大量的学习实践。比如"入项活动"阶段开展关于驱动性问题的头脑风暴，在"知识学习和能力建构"阶段通过网络收集相关材料、学习有关项目的学科知识等。

5. 公开成果

项目式学习最终要形成公开而有质量的学习成果，在多样的群体中进行交流。学习成果类型包括两类：解释说明类和制作表现类。解释说明类包括PPT报告、海报、研究报告、书面说明等，制作表现类包括实物、模型、戏剧表现、食谱、视频等。通过展览、交流等形式公开展示项目式学习的最终成果，可以回顾项目历程，促进反思、讨论与交流，将所学知识变成可视化成果，也使项目变得更真实。

6. 学习评价

项目式学习的评价包括核心知识、学习实践和成果评价，而成果评价又与成果的产生、公开汇报相关联。在设计项目式学习评价时，注意评价要指向学习目标，可以以终为始，进行逆向设计，贯穿项目的整个过程。项目式学习评价如表8-1所示。

表8-1 项目式学习评价

评价目标	评价方法与工具	评价类型
核心知识	纸笔测试、量表、表现性评价	过程性评价、总结性评价
学习实践	量表、档案袋	过程性评价
学习过程的成果	量表、档案袋、纸笔测试等	过程性评价
最终学习成果	公开展览与汇报，指向核心概念、成果质量、成果报告的量表	总结性评价

二、项目式学习设计流程框架

结合项目式学习设计六维度和已有研究成果、实践经验，构建项目式学习设计流程框架，如图8-4所示。

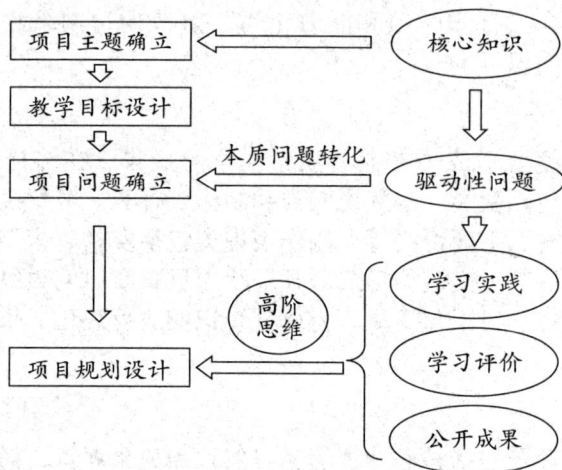

图 8-4　项目式学习设计流程框架

1. 项目主题确立

项目学习语境下老师的新任务，包括发现课程内容与真实问题、真实需求之间的关联，基于课程标准找真实问题和真实需求；对问题、需求进行打磨提炼，转化为学习项目。项目式课堂的项目主题确立需要考虑课程标准、教材内容、学生情况和社会背景等多方面因素。

首先，新课程标准是确定项目主题的重要依据。课程标准对学生应发展的核心素养有明确要求，因此，项目主题应与课程标准相契合。例如，在科学课程中，要培养学生技术与工程实践能力，那么可以设计一个工程式项目——设计并制作净水器，让学生根据净水原理及限制条件设计并实施项目，利用工具和材料进行加工制作，测试和优化迭代，在这样的实践中提升技术和工程实践能力。

其次，教材内容也是设计项目主题的重要参考因素。教材中的案例和知识点可以作为项目主题的来源。例如，在地理课程中学习到不同地区的气候和生态系统，可以设计一个以气候变化对生态系统的影响为主题的项目，让学生通过实地调研和数据分析来深入了解这一问题。

再次，学生的情况也需要考虑。学生的学段特点、兴趣爱好、能力水平等因素都会影响他们对项目主题的接受度和参与度。在确定项目主题时，可以通过问卷调查、小组讨论或个别谈话等方式了解学生的兴趣和需求，以便更好地满足他们的学习需求。例如，如果学生对演讲感兴趣，可以举办一场以演讲比赛为背景的项目，让学生"感受文体特点，模拟演讲""创写演讲文稿，尝试现场演讲""举行演讲比赛，展示风采"，以此来培养学生在公众场合自信发表演讲的表达素养。

最后，社会背景也应纳入考虑。社会变革和现实问题往往与项目主题密切相关，通过项目式学习可以让学生对社会问题有更深入的了解和思考。例如，在社会学课程中，可以设计一个社会调查项目，让学生调查当地社区的社会问题，并提出解决方案，从而让学生更好地参与社会实践，培养社会责任感。

2. 教学目标设计

教学目标设计需要深入研读新课程标准，根据指向核心概念的知识内容体系进行教学目标设计，有助于学生形成一系列关联性强的知识结构。教学目标设计应以培养学生的核心素养为目标，以提升他们的整体学习能力和综合素养，撰写时从核心素养几个维度加以考虑。为了确保教学目标的有效性，教师还需要精准分析学生的学习情况，这包括了解学生的学习起点、学习状态和学习困难等方面。在教学目标的设计过程中，教师可以根据这些分析结果进行调整和精确设计，以便更好地满足学生的学习需求和提供有针对性的教学支持。

3. 项目问题设计

在项目式学习设计中，首先依据项目内容涉及的核心知识思考本质问题，然后再转化成驱动性问题。本质问题是指在学科中、人生发展历程中或是对世界的理解中真正持久而重要的问题。驱动性问题和本质问题的区别在于驱动性问题就是将比较抽象的、深奥的本质问题，转化为特定年龄段学生感兴趣的问题。本质问题比较抽象，而驱动性问题则嵌入了学生更感兴趣的情境。

在设计驱动性问题时，可以参照图 8-5 项目驱动性问题设计——GRASPS 模型。这个模型图分析如下：谁因为某种真实情境（S），以某种角色身份（R）为某受众（A）创造了某种符合评价标准（S）的多样化产品或成果（P），从而达成某种目标（G）。

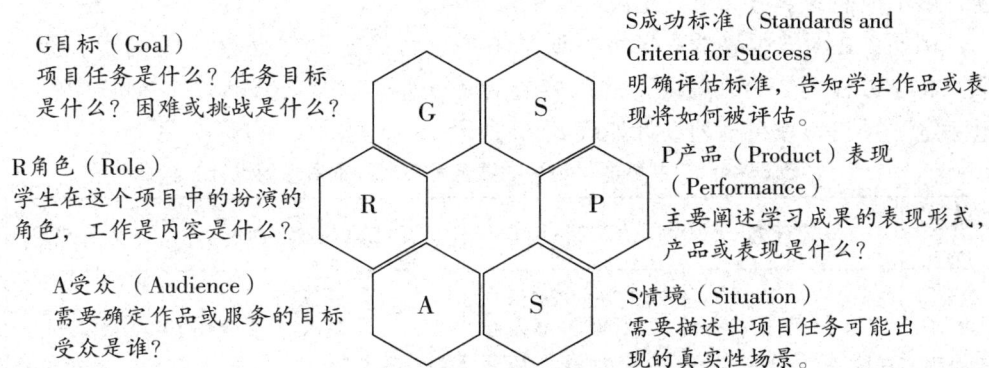

G 目标（Goal）
项目任务是什么？任务目标是什么？困难或挑战是什么？

R 角色（Role）
学生在这个项目中的扮演的角色，工作是内容是什么？

A 受众（Audience）
需要确定作品或服务的目标受众是谁？

S 成功标准（Standards and Criteria for Success）
明确评估标准，告知学生作品或表现将如何被评估。

P 产品（Product）表现（Performance）
主要阐述学习成果的表现形式，产品或表现是什么？

S 情境（Situation）
需要描述出项目任务可能出现的真实性场景。

图 8-5 项目驱动性问题设计

比如，在对浙教版科学八年级上第一章《水和水的溶液》4~6节内容进行单元整体教学时，设计了"海水提盐项目"，并设计这样的驱动性问题：一天，你和你的朋友在海上旅行，不小心迷失了方向，在一个荒岛上等待救援。船上有谷物和蔬菜，但缺少食盐（SA）。我们知道人们食用的食盐很多都是依靠天然海水晒盐得到的。海水成分复杂，溶质除了氯化钠以外还有很多其他物质。如果你是食盐制造师，该如何提取可以食用的纯净氯化钠（RGP）。请你提供可行性方案，并解释为何可以这样操作（S）。GRASPS分析如下：目标G——提取可食用的纯净氯化钠；角色R——食盐制造师；受众A——缺少食盐的人；情境S——沦落荒岛，缺少食盐；产品P——纯净氯化钠；成功标准S——可行性方案及原因。

4.项目规划设计

依据项目主题、教学目标、驱动性问题进行项目规划，主要包括教学环节、学习任务、学习目标和项目工具、资源、评价及公开的成果。

其一，根据教学目标，针对项目主题和真实情境下的驱动性问题，精准且有梯度地设计教学环节和学习任务，每一个学习任务指向一定的学习目标，所有的学习目标综合起来指向项目教学目标。

其二，学生通过实际参与和实践，将所学的知识、技能和概念应用到解决实际问题中，在此学习实践过程中，教师设计有助于学生学习相关知识及解决问题的各类支持性工具和资源。

其三，设计一定量的过程性评价和终结性评价来指导或辅助项目任务的进展及项目学习的效果评价，以确保项目的目标达成。

其四，设计公开成果的类型和内容，鼓励学生在项目中努力学习并解决问题，展示他们的学习成果，提高学生的参与度。

例如，在浙教版科学八年级下册学习中，对第二章"元素"的内容、第三章"化学方程式与二氧化碳"的内容进行单元整体教学，设计了"钙片中钙含量测定"项目，项目规划设计如表8-2所示。

表8-2 初中科学"钙片中钙含量测定"项目规划设计

教学环节	学习任务	学习目标	工具/资源/评价	公开成果
项目活动	定义问题和拆解问题。	能多角度分析要解决的问题，按照问题解决的线索拆解问题	工具：计划书（鱼骨图）、画廊漫步等	项目计划书

续表

教学环节	学习任务	学习目标	工具/资源/评价	公开成果
基础探究	任务1：探究成分与性质	知道碳酸钙的性质和不同的分解方法	资源：氧气和二氧化碳、碳酸钙性质 工具：流程图、气泡图等	钙含量测定方法初始模型
	任务2：探究转化方法和装置选择	理解反应装置或检测装置的选择取决于反应条件和物质性质	工具：拼图法、画廊漫步	实验方案
深度探究	任务3：方案设计与优化	能从不同角度分析误差产生的原因，并能减小误差	工具：方案问题支架、拼图法、流程图、画廊漫步 资源：学习单 评价：实验方案设计评价量规	实验方案钙含量测定方法模型
	任务4：开展实验与评价	1. 掌握实验器材组装、数据收集、结果分析、得出结论等技能 2. 理解质量守恒定律	资源：学习单、说明书、钙片资料卡 工具：画廊漫步 评价：实验操作评价量规、实验探究评价量表	实验探究报告
项目反思	反思收获与改进	1. 通过汇报探究汇报梳理学习成果 2. 利用反思改进优化学习	资源：复盘反思表 评价：探究报告评价量表	复盘反思表

三、项目式课堂的实施流程

项目式课堂分为"项目导引""项目探索""项目展示"三个阶段。不同阶段具体的"围绕解决的问题""实施流程""可用的学习支架"内容如表8-3所示。

表8-3　项目式课堂的教学流程

阶段	围绕问题	实施流程	学习支架（资源＆工具＆评价）
（一）项目导引：分析问题，制定计划	驱动性问题：讨论要解决哪些问题、如何解决这些问题	1.1 角色分工，建立公约（备注：开展前几次项目时，需要小组分工。在后面的项目式学习中，小组分工明晰后可以省略该环节）	角色分工表 问题导引支架
		1.2 分析问题，分类梳理	问题导引支架 分析工具之鱼骨图
		1.3 明确任务，制订计划	计划工具之里程碑
（二）项目探索：探究实践，问题解决	子问题一 子问题二 子问题三	2.1 知识学习，能力建构 活动＋活动＋……	目标导引支架 思考工具之问题支架 学习资源之学习范例 交流策略之拼图法 探究评价量表
		2.2 知识应用，问题解决 活动＋活动＋……	
（三）项目展示：汇报交流，复盘反思	成果标准 汇报标准	3.1 汇报交流，成果评价	评价工具之评价标准 交流策略之画廊漫步 展示评价量表 思考工具之反思支架
		3.2 复盘反思，经验总结	

主题 3

项目式课堂的教学实践

一、项目导引：分析问题，制订计划

情境创设，引出驱动性问题：在项目式课堂中，教师首先创设学习情境，激发学生的学习兴趣和动力。学习情境应该与学生的实际生活或与他们相关的领域有关，可以通过引入真实的问题来实现。学习情境需要具有挑战性和启发性。教师可以设定一系列有趣且具有一定难度的任务，激发学生的好奇心和探究欲望。这样的学习情境能够促使学生主动思考问题、提出解决问题的办法。最后在真实情境下，结合项目涉及的核心知识，引出推动学生不断思考、持续探究的驱动性问题。

1. 角色分工，建立公约

在项目式课堂中，往往以小组为单位完成项目。每个成员都需要扮演不同的角色和肩负不同的任务。为了确保团队的协作效率和项目的完成质量，角色分配和合作安排显得尤为重要。通过分配角色并制定公约，可以有效地组织团队学习，并促进合作和互动。

角色分工是指根据项目的需求和学生的能力进行分配。这些角色可以包括学习促进者、罗盘向导员、任务管理员、宝藏探索者、高光记录者、资料管理者等等。每个角色负责特定的任务和责任。例如，学习促进者负责整体规划和组织好每一次讨论；宝藏探索者负责收集和整理相关资源，支持小组成员深度学习等。通过明确的分工，学生可以更好地专注于自己的任务，并在合作中发挥各自的潜力。此外，可以根据项目需要和团队具体人数调整角色数量和职责，以确保项目的顺利进行。

建立公约是为了确立学生之间的合作准则和行为规范。公约可以包括时间管理、沟通方式、分工协作、问题解决等方面。通过制定公约，学生可以共同明确团队合作的原则和期望，并建立良好的合作关系。公约可以由学生们共同商议制定，有利于每个人都能清晰地了解公约内容，并自觉遵守。

在教学时，教师布置相应的活动，让学生分组并思考自己可能为未来的小组做什么贡献（如擅长组织、查找资料、分享学习经验、讨论记录、整理小组收获等），想想自己感兴趣的角色有哪些。学生独立思考后，进行组内合作，完成角色分工并建立公约。在建立公约时，教师要引导学生从可以、不可以两个方面去思考、讨论、交流，让学生讨论的方向更加明确、目标也更加清晰，然后建立组内共同遵守的规则。

表 8 - 4　公约建立讨论

可以	不可以
你认为哪些行为能促进我们团队达成目标？	你认为哪些行为会拖慢我们的进度，甚至破坏项目的实施？
……	……

2. 分析问题，分类梳理

在项目式课堂中，对驱动性问题进行分析和拆解可以帮助学生更好地理解问题的本质，并有效地制定解决问题的策略。对驱动性问题进行分析意味着深入研究问题的各个方面。学生需要仔细阅读和理解问题陈述，弄清楚问题的背景和目标。

项目小组可以利用问题引导工具中的思考框架来分析和拆解驱动性问题（见表 8 - 5）。小组合作对问题进行分析，将研究的问题按照不同类别进行分类梳理，将分类的结果贴在鱼骨图上（鱼骨图用于梳理问题），并形成更具体和可操作的子问题，并为每个子问题制定具体的任务。这样，学生就可以通过解决每个子问题逐步解决驱动性问题。

表 8 - 5　驱动性问题思考框架

问题	任务	内容
我们需要解决哪些问题？	我们需要完成哪些任务才能解决问题？将要学习的内容是如何帮助我们解决问题的？	我们将要学习什么？
……	……	……

在对人教版英语八年级上第六单元 "I'm going to study computer science" 进行单元整体教学时，设计了"职业采访和规划"项目。在项目实施中，小组对驱动性问题进行拆解并汇报分享，然后经师生共同优化得到子问题和各级任务，如图 8 - 6 所示。

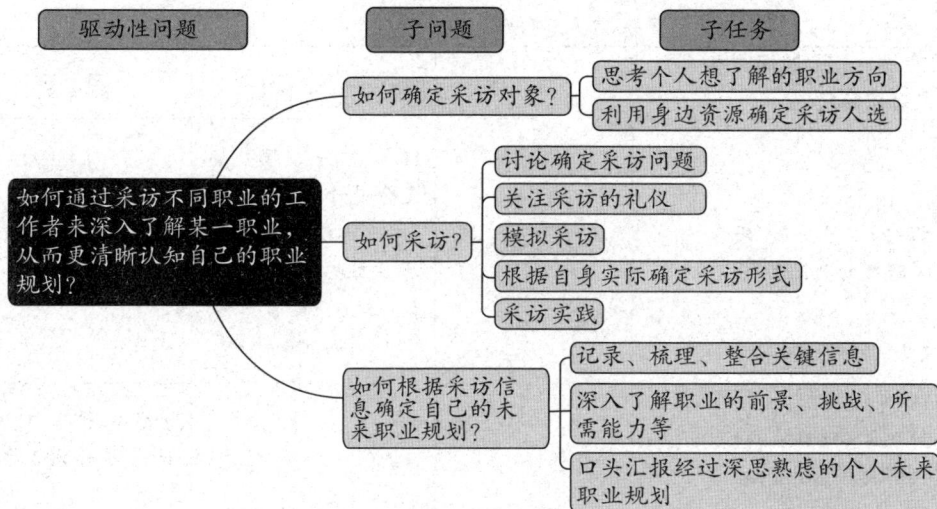

图 8-6 英语"职业采访和规划"项目问题拆解

在进行问题分析和拆解的过程中，教师可以起到指导和支持的作用，提供必要的资源和指导，并引导学生进行问题研究和分析。教师还可以促进学生之间的合作，帮助他们共同解决问题。通过问题分析和拆解，学生可以更好地理解项目的驱动性问题，并逐步解决问题。这种方法有助于培养学生的批判性思维和解决问题的能力，并促进他们在项目中取得成功。

3. 明确任务，制订计划

在项目式课堂中，利用图表方式对项目进行管理是一种有效的方法，可以帮助学生更好地组织和追踪项目进展、规划时间节点和任务。里程碑是一种常用的图表工具，可以清晰地展示项目的时间线和各个阶段的任务。

学生可以根据项目的要求和学习目标，将整个项目划分为多个时间节点，每个时间节点代表一个阶段任务的完成。每个时间节点下列出对应阶段任务的简要描述和时间要求，这样可以清晰地展示项目的进展和计划。例如，在对人教版历史八年级上册第八单元"近代经济、社会生活与教育文化事业的发展"进行单元整体教学时，设计了"封面故事"项目，该项目的里程碑如表 8-6 所示。

表 8-6 "封面故事"项目里程碑

时间节点 项目阶段	月 日	月 日	月 日
里程碑 1（项目导引） 需要解决的关键问题	驱动性问题如何拆解成小问题，如何形成问题解决的思路？		

续表

时间节点　　　　项目阶段	月　日	月　日	月　日
里程碑2（项目探索） 需要解决的关键问题		1. 《生活》周刊的定位是什么？ 2. 近代以来中国经历了哪些社会变迁？ 3. 如何创编《生活》周刊封面故事？	
里程碑3（项目展示） 需要解决的关键问题			如何汇报整个项目内容并进行评价反思？

二、项目探索：探究实践，问题解决

1. 知识学习，能力建构

在项目式课堂中的项目探索阶段，学生需要先进行一系列的主题研究和基础学习，为接下来的问题解决打好基础。这个阶段旨在帮助学生获得相关的知识、技能和方法，提供必要的背景信息，并培养学生的建构能力。

首先，学生可以进行主题研究，深入了解项目的背景和相关领域的知识，可以查阅相关的文献、书籍、文章和研究报告，以获取关于项目主题的详细信息。此外，学生还可以进行在线搜索和采访专家，以了解项目所涉及的最新发展和实践经验。

在初中科学"钙片中钙含量测定"项目实施时，在制订测定方案和实施测量前，学生先要认识钙片成分、性质与生产过程，并了解钙含量测定原理。他们需要进行课前调查，比如去药店、超市或网络寻找常见钙片，阅读产品标签和说明书，了解钙片的成分、性质及生产过程。

其次，学生需要进行基础学习活动，通过一般性任务和探究性活动掌握必要的学科知识、技能和方法。学科基础知识和技能为项目的顺利进行提供了支持。

专题八 以学习为中心的项目式课堂：探究与创新

在人教版数学二年级上册"量一量，比一比"中设计了"走廊有多长"项目。在项目实施过程中，在制订测定方案和实施测量前，需要通过活动认识长度单位，学习各种估测方法。通过身体的结构，如"两脚走一步的距离"或"伸开双臂的距离"体验估测。再如，在对浙教版科学七年级下册第二章"对环境的察觉"4~6节内容进行单元整体教学时，设计了"校园IP投影灯"项目。在制作一个文化投影灯前，学生需要学习光源概念、光的反射等知识解决"增加投影亮度"问题，通过"探究光的色散，选择光源颜色""探究透明物体和不透明物体颜色""选择合适材料设计幻灯片"解决"使投影呈现各种颜色"问题，通过"研究光的折射定律""探究凸透镜成像规律"解决"获得合适的投影"问题。

综上所述，在项目探索阶段，学生需要进行主题研究和基础学习，为后续的问题解决打下基础。这个阶段的活动主要是为了帮助学生获取相关知识和技能，并培养他们的建构能力。通过这些准备性的学习，学生可以更好地理解问题的本质，为解决问题提供必要的支持。

2. 知识应用，问题解决

在项目式课堂中的项目实施阶段，学生运用之前学习的基础学科知识、技能和方法，来解决驱动性问题。首先，学生可以通过整合和应用学科知识，对问题进行深入分析和理解。他们可以运用学科知识，如数学、科学、历史、文学等，了解问题的背景、原因和影响因素，识别问题的核心要素和关键因素，从而为问题解决提供基础支持。其次，学生可以运用所学的技能和方法，进行实验设计、数据收集、文献研究等活动。例如，学生可以进行实地考察，采集相关数据和信息，以支持问题的分析和解决。学生还可以设计实验并操作，收集相关数据，并进行推理和分析验证自己的解决方案。接下来，学生可以运用所学的解决问题的技能和方法，制订解决方案并实施，并且考虑不同的可能性，评估并选择最适合的解决方案。最后，学生运用解决问题的策略和方法，解决实际遇到的挑战和困难。例如：

在初中科学"生理盐水"项目中，项目小组通过前期学习的相关知识（溶液、溶液质量分数等）和技能（使用托盘天平测量质量、量筒测量体积，溶液配置等），设计配制生理盐水的实验方案；经过小组间的汇报分享，进行方案的优化；再根据优化后的实验方案在实验室进行配制。然后邀请检测专家，开展"我与专家面对面"活动，检测自制生理盐水是否达标，让学生分析实验方案及配制过程中产生误差的原因，并重新实验。

在项目实施阶段，学生利用学习到的基本学科知识、技能和方法，去解决问题。通过真实的项目实施，学生将所学知识与实际问题结合起来，提高应用能力和解决问题的能力。这有助于培养学生综合运用知识、技能和方法的能力，并促进学习效果的深化和提高。

三、项目展示：汇报交流，复盘反思

1.汇报交流，成果评价

在项目展示阶段，项目小组公开汇报他们在项目实施过程中所取得的成果，并进行互评。首先，每个项目小组会准备展示材料，向观众展示他们的项目目标、过程和成果。其中包括 PPT 演示、海报、实物等。项目小组清晰明确地介绍项目背景、项目过程中的创新点和实施方法，并展示成果，向观众传达他们的研究思路和成果。在项目小组展示期间，观众利用评价工具进行评价并写在便利贴上。项目小组汇报后收集所有建议再次修改成果。通过观摩其他小组的展示，项目小组能够学习到其他项目的创新点和方法，可以从其他小组的经验中汲取灵感和启发，并据此对自己的项目进行评估和改进。

在项目展示期间，小组之间也会对公开的成果进行评价，根据成果的不同类型设计匹配的评价量表。例如，实物制作类评价量表（见表 8-7）、探究报告类评价量表（见表 8-8）、戏剧表演类评价量表（见表 8-9）、"数学建模"评价量表（见表 8-10）等。

表 8-7 IP 投影灯实物评价量表

评价维度	评分标准得分			得分
	水平三（3分）	水平二（2分）	水平一（1分）	
清晰度	能分辨轮廓，能分辨文字、图案等细节。	能分辨轮廓，较难分辨文字、图案等细节。	像模糊，只能分辨大致轮廓。	
亮度	明亮。	中等。	较暗。	
稳定	完全稳定、像的位置和清晰度稳定。	基本稳定、像的位置和清晰度偶尔不稳定。	没有完全稳定，像的位置抖动，清晰度时好时坏。	
变形	像没有扭曲变形，整体效果良好。	像的局部轻微扭曲，变形，不影响整体效果。	像有较大扭曲、变形，不能很好呈现原来形态。	
外观	美观，十分符合 IP 场所环境。	不太美观，符合 IP 场所环境。	不太美观，基本符合 IP 场所环境。	

表8-8　探究报告评价量表

评价维度	评价标准	评价效果	
		我做到	我完善
完整性	整个探究报告包含的基本要素：实验名称、实验目的、实验原理、实验步骤、实验数据记录、实验结论。		
真实性	数据记录是真实的，并且附有实验过程的照片。		
准确性	查找资料准确，实验原理准确。		
反思性	探究报告中注重对实验现象的反思及实验结论的反思，提出新的值得研究的问题。		

表8-9　"威尼斯商人"项目中的戏剧表演评价量表

评价维度	评价标准			评分等级	
	优秀	良好	合格	他评	教师评
语音语调	每个单词的发音都非常到位；连读自然；语调优美，有起伏。	大部分单词发音到位，偶有几个发音不标准；注意连读，偶有失误；语调自然。	有一部分单词发音不到位，但不影响理解；关注连读但较显生硬；语调不够自然。		
重音停顿	语句中的重音和停顿清晰准确，能通过两者准确表达句意。	注重重音和停顿，偶有重音或停顿错误，但整体能够表达句意。	不够注重重音和停顿，出现多处重音或停顿错误，但能完整说完台词。		
流利程度	流利地完成与他人的对话，轻松自然衔接他人的话语。	顺利地完成与他人的对话，偶有停顿，但不影响理解。	完整完成与他人的对话，停顿处较多。		
肢体语言	根据人物的语言和性格充分调动自己的肢体动作。	能使用肢体表达情感，但不够充分。	能运用肢体动作，但大部分时间仅完成台词。		

评价维度	评价标准			评分等级	
	优秀	良好	合格	他评	教师评
舞台感染力	能根据人物性格特征充分调动情绪，表情管理到位。	能根据人物性格调动情绪，但情绪不够饱满；有面部表情，但不够丰富。	能理解人物性格，但情绪调动不到位；表情不丰富。		

表 8-10 "数学建模"表现性评价量表

评价维度	评价标准				评分
	新手（1分）	基本（2分）	合格（3分）	进阶（4分）	
模型准备与假设	能够提出基本假设，但是无法自圆其说。	能够提出基本假设，明确研究的方向，但无法确定研究哪两个变量的关系。	能够提出基本假设，明确研究是两个变量的关系，但无法设出适切的变量和参数。	能够提出基本假设，明确研究是两个变量的关系，能设出适切的变量和参数。	
模型建立	能够用符号表达基本假设，但是无法建立模型。	能基于假设说出两个变量之间的关系。	能基于假设说出两个变量的关系，但无法建立合适的数学模型。	能基于假设说出两个变量的关系，想到用一次函数建模解决问题。	
模型求解	能够在散点图中画出一条合理的拟合直线，但无法求出解析式。	能够在散点图中画出一条合理的拟合直线，任意选用两点求出直线解析式。	能够在散点图中画出一条合理的拟合直线，有根据地选用两点求出直线解析式。	能够同时通过对模型的形式化演绎和数据拟合两种方式得到对规律的观察和未来的预测。	

续表

评价维度	评价标准				评分
	新手（1分）	基本（2分）	合格（3分）	进阶（4分）	
模型检验	不会对模型的合理性质疑，但是可以讲出对结果的直观感受。	对模型的合理性提出疑问，但无法进行有证据的检验。	对模型的合理性进行检验，但不能有效分析模型中的 k，b 对模型结果的影响。	能够对模型的合理性进行检验，且能够有效分析模型中的 k，b 对模型结果的影响。	
模型优化	想对模型进行改进，但无从下手。	会重新再画一条拟合直线，求解其解析式，但无法对比是否合理。	会重新再画一条拟合直线，求解其解析式，能想到用数据的波动情况对比分析。	会多次画拟合直线，求解其解析式，能想到用数据的波动情况对比分析。	
合计	数学建模总评分：_____				

综上所述，在项目展示阶段，项目小组通过公开汇报成果和互评，得到他人的评价和建议。这种交流能够帮助项目小组进一步完善项目成果，提高项目的可持续发展能力，同时也促进学生的学习和成长。

2. 复盘反思，经验总结

在项目最后阶段，对项目进行总结反思，吸取教训和总结经验，为下次更好地完成项目提供指导和借鉴。教师引导学生回顾整个项目历程，对项目的目标、计划和实施情况进行评估，并检查是否达到了预期的结果。回顾项目中的关键决策和行动，找出成功的因素或者导致失败的原因。项目小组还应该分析项目过程中遇到的问题和困难，讨论难题的起因，不同成员均发表观点和决策，以及采取的解决措施和效果。通过分析问题，项目小组可以找到问题的根源，并提出有针对性的改进意见。在反思总结中，教师可以引导学生借助"个人和团队反思评价量表"（见表8-11）进行高效反思。

表8-11 个人和团队反思评价量表

反思维度	● 我清楚地知道自己学到了什么，并且能用例子来证明。 ● 我明确地知道自己的长处、弱项和待提高改进的点。 ● 我能不断地通过反思来设定新的目标。 ● 我能有效地从自己的成功和错误中吸取经验教训。
【个人收获1】从科学知识和科学探究角度思考项目带给我的收获有哪些？	
【个人收获2】从项目规划与实施角度思考项目带给我的收获有哪些？	
【个人收获3】从项目展示与交流角度思考项目带给我的收获有哪些？	
【同伴成长1】我们的团队是如何一起合作的？哪些是你以前所没有想到的？	
【同伴成长2】如果可以重来，想改进的地方有哪些？包括个人和小组。	
【问题探索】项目过程中遇到还未很好解决的困难（包括合作）或接下来想深入探索的方向？	

复盘反思并总结经验可以帮助项目小组不断改进和提高。通过总结反思，项目小组可以汲取项目经验，减少重复性错误，提高团队的学习能力和持续改进的能力。无论是在本次项目中，还是在未来的项目中，复盘反思并总结经验都是一项重要的工作。

专题九
以学习为中心的行走式课堂：
延伸与发展

    行走式课堂是基于新课程方案提出的五项基本原则，以实用主义教育为理论支持，旨在引导学生在行走学习中参与学科探究活动，加强知识学习与学生经验、现实生活、社会实践之间的联系，注重真实情境的创设，培养学生认识真实世界、解决真实问题的能力，是一种课堂教学新模式。

以 学为中心的新课程要求将学生的学习需求和兴趣置于教学的核心，以学生主导、探究性学习为基础，强化学科实践，注重"做中学"，强调学生在学习过程中的主动性、参与性和自主性，这就推动了行走式课堂的产生。

主题 1

课型阐述：从静态课堂转向动态课堂

一、什么是行走式课堂

行走式课堂是基于新课程方案提出的五项基本原则，以实用主义教育为理论支持，指向培养解决真实问题能力的课堂教学新模式。以学生为主体的课堂要注重在课前导学、课中留白、课后自学三个环节中让学生身体、表达、思维动起来，实现"做中学"，让学生走出课本进行知识建构，走出教室拓展学习场地，走出校园丰富教学资源，打破原本在教室静态的学习局限，实现实践即课堂、体验即课堂、社会即课堂。引导学生在行走学习中参与学科探究活动，加强知识学习与学生经验、现实生活、社会实践之间的联系，注重真实情境的创设，提高学生认识真实世界、解决真实问题的能力。

二、行走式课堂的特征

1."三走出"

"三走出"，即走出课本、走出教室、走出校园。走出课本指学生不仅学习课本内的知识，还通过自主探究掌握课外相关联的知识，建立知识网，形成知识体系。走出教室是指在学习过程中学生拓展学习的场地，充分利用校园中其他场地开展教学，以便学生更好地进行学习探究活动。走出校园指探索更丰富的社会资源，主动参与和体验实践活动，主动进行互动和交流。以课外知识促进课内知识的理解，可以帮助学生更好地将课堂学习与实际应用相结合，理论与实践相融合。

2."三行走"

"三行走"，即思维行走、身体行走、表达行走。学生不是被动地接受知识，而是通过思考、探索和实践来主动研究和解决问题，不仅仅是在头脑中思考，还要通过行动、实践和表达来加深对问题的理解和掌握，注重感知、理解和应用。这种全方位的思维、身体和表达的行走，有助于培养学生的综合能力和创新思维。

3."三课堂"

"三课堂"是指实践即课堂、体验即课堂、社会即课堂。在行走式课堂模式下，课堂被赋予更广泛的定义。学生学习的场地不再局限于教室。实践活动成为学习的课堂，学生通过参与实践活动来掌握知识和技能，通过直接经验学得知识、实现经验的增长，将所学知识与实际情境相联系，这一亲历实践的过程是学生自己探索来完成的。体验成为学习的课堂，学生通过亲身体验深入了解和感知学习内容；教师在这一过程中起引导作用，创设教育情景，充分调动学生思维活动。社会成为学习的课堂，学生关注社会问题，通过参与社会实践来拓展知识和发展核心素养，把日常生活和教育融为一体。

三、行走式课堂的优势

行走式课堂打破传统课堂中学生坐在教室听讲的模式，让整个课堂"活"起来、"动"起来，使课堂的深度和广度得到延伸，跨学科知识实现融合，学生的综合能力得到了发展，即课堂延伸、知识融合、能力发展。

1.课堂延伸

行走式课堂是对传统教学模式的一种拓展和延伸。将学生带出传统的教室环境，为他们提供了更多的学习机会和体验。对于课本上已学过的知识，学生通过亲身接触真实的情境和环境，加深对学科内容的理解，并将理论知识与实际应用相结合。正所谓读万卷书不如行万里路，对于教材尚未学习的知识，学生可以走出教室观察学习，在实际操作中获得认知，利用新的技术手段，自主探究学习，掌握方法，获得技能。对于课本上没有的知识，学生可以根据已有的知识、技能、经验，挖掘自己感兴趣的未知内容，自己尝试探究解决，在主动学习的过程中，获得成长，从课内走向课外，让知识得到拓展和补充。行走式的课堂，是以学为中心，多方法、多角度、多形式地开展，获得多渠道、多技能、多知识的拓展。

2.知识融合

跨学科融合是新课标出台后课堂教学变革的大趋势。基于跨学科融合的以学为中心的行走式教学，打破了学科之间的壁垒，鼓励学科之间的融合应用。学生在提出问题、分析问题、解决问题这一整个动态学习过程中，需要调动不同学科的知识能力，融在知识的关联处，合在知识的共通点。比如在语文《观潮》一课中，学生在实际行走学习中，用语文知识创作诗歌，表达感想；用数学知识思考河两岸的宽度、测量顺水速度和逆水速度等航行问题；用英语课上学习的新单词和短语，进行简单的对话和口头作文，成为一名合格的英语导游；用音乐课上学习的歌曲，体验观潮的内在情感，感受音乐所表现的意境，激发了对家乡的热爱……学生进行跨学科学习，并运用不同学科的知识解决学习中的问题。

3.能力发展

行走式教学强调学生的主动参与和实践操作，培养了他们的综合能力。学生不再是坐在教室里静静地听，而是在行走和探索的过程中，用眼观察、用手记录、用嘴提问、用脑分析和解决问题。这样的实践活动既培养了学生的表达能力、观察力、思维能力和创造力，又锻炼了他们的合作和沟通能力。此外，行走式教学强调学生的自主性和责任感，激发了他们的学习动力和积极性。行走式课程融五育、重情境、激潜能、显个性，让学生走出课本，拓宽知识；走出课堂，观察体验；走出校园，思考实践。在这个过程中，实现书本知识与生活经验的深度融合，学生完成由认知、认同到践行的升华。

主题2

课型实践与课型模式

一、课型实践：以学定教，灵活运用

行走式课堂适用于任何学科，它鼓励学生打破知识、时间、空间的限制，向社会生活延伸，从而密切联系真实世界。但是不同学科，在进行行走式教学时，方式方法略有不同。

专题九 以学习为中心的行走式课堂：延伸与发展

1. 以理科为例，实验探究，解决问题

对于物理、化学、生物、数学等学科而言，在行走式课堂中，更侧重于让学生动手实验、实践，培养学生解决问题的能力。

如《校园中的测量》这一课，学生在探索的过程中，利用已有的知识经验进行大胆的操作实践，充分经历猜想、验证的探索过程，从而发现并归纳长度，发展数学直觉。学生从室内走向室外，带着学习任务开展学习活动，在学习过程中合作学习，展开讨论，自主探究，寻求答案。

> 学习任务：
> 1. 测量学校里的体育器材大约有多高，学校操场一圈大约有多长。
> 2. 在校园里再选择一个你感兴趣的测量任务，做一做。
>
> 活动讨论：
> 1. 组内互相说一说，有哪些测量方法，你们准备用哪种？
> 2. 活动时需要选择哪些测量工具，记录哪些测量数据？
> 3. 小组内如何分工合作？

再如学生在学习圆柱面积计算时，教师带领学生来到科技馆，进行"触摸数学"的行走课堂。

进入场馆后学生们马上进入角色，自己当老师，借助科技馆的设备给小组的同学讲解了等底等高的圆柱与圆锥间的关系，并得出了圆锥体积的计算公式。还通过设备进行了知识的拓展，探讨了一个大圆柱和与它等高的小圆柱的关系，知道了大圆柱的半径等于小圆柱的直径，所以大圆柱的体积是小圆柱体积的 4 倍。孩子们讲得精彩，听得专注，很快就掌握了知识的要领，并能够结合生活实际设计问题：我设计了三种不同形状的冰激淋，每种售价是 20 元，你会买哪一种？为什么？你认为怎样制定价格更合理……

科技馆就是教师在教学中创设的真实问题情境，教师借助社会中的教学资源开展教学，让学生观看、触摸、测量、计算、验证，将书本上的知识和生活问题相结合，学习解决问题的方法。

行走式课堂打破了理科传统的教学模式，改变了授课方式，围绕学科本质开展学习活动。借助行走模式，拓展教学场地，丰富教学资源，学生亲历体验，实际测量，打破学习空间的界限合作交流，在真实场景或生活实际中运用所学知识解决问题，让理科知识具有生活价值，从而调动和激发学生的热情和积极性。

2. 以文科为例，情景体验，触动感知

语文、英语、政治、历史等学科在行走式课堂模式中，更侧重于生成、体验、感知、表达。

如在进行九年级英文诗歌写作教学时，教师就带着学生走出课堂，走进大自然，坐在校园秋景中。教师引入了简单的英文诗歌写作教学，即讲授 Cinquain 的格式（俳句共 5 行，第 1 行一个单词；第 2 行两个形容词；第 3 行三个动词；第 4 行四个单词；第 5 行一个单词再次点题升华）和表达特点，并给出例子。整个讲解过程，学生们表现出很强的兴趣，听讲和记录都非常认真。学生根据主题和表达的情感去校园取景拍摄，在规定时间内提交一幅照片和表达照片主题的一首小诗。下课时间到了，学生们仍意犹未尽，很多还沉浸在自己的拍摄和诗歌创作之中。在行走式课堂中，学生从室内走向室外，不仅发现了美、欣赏了美、享受了美，还运用所学知识创造了美。

在语文教学中，教师前一天提前布置了学生作业，进行了语文课设计：第一部分"诗家秋语"，选取典型赋秋文学作品整诗，体会秋诗感情；第二部分"诗家秋语片言"，选取语句篇章，体会秋诗意象；第三部分"古语今辞"，选取秋的成语，体会关于秋的成语在现代汉语表达中的妙处。学生准备好相机或手机，从学案中选取喜欢的诗歌，寻找合适的景色拍摄，制作"你眼中的秋味"图片配诗作品。学生在校园自然环境中观察、感受、陶醉、吟诵诗句。教师引导学生注意秋景诗歌的意象，关注细节描绘，学生触景生情，纷纷举起相机拍摄，加深了对诗歌和秋景文化意境的感受，对不同诗人的悲秋赞秋作品有了更深的理解。

行走式课堂让文科学科教学模式更加灵活，在真实的情境中，学生更容易被调动五感，更容易受到熏陶和感染，这与文科学习要求中的感知和体会不谋而合。行走式课堂不仅为学习创造了丰富的情景，更是拓宽了教学资源，为"大语文""大思政"等学习创造了有利的条件，让学生能够主动去学习。

二、课型模式：三三模式下指向解决问题能力培养的课堂模式架构

行走式课堂打破了以学校课堂为主的传统学习空间，突破学习界限，改变教与学的关系，突出了学习者的主体地位，为学生与真实世界搭建链接。学生通过观察发现问题，并通过团队合作的方式，利用所学去解决问题。具有挑战性的问题驱对学生对新事物产生好奇，并展开深度探究，从而沉浸在真实的场景中，以

更多元的视角去理解世界运转的法则和规律，形成自我认知，培养适应未来的核心素养，并把行走方式内化成生活的一部分。所以行走式的课堂并非狭义上的一定要走到室外，而是一种运用打破常规的方式对学习概念的理解。

行走式课堂是三三模式下指向解决问题能力培养的课堂，三三指三步三法，即按照"课前导学—课中留白—课后自主"的三步教学模式，运用"走出课本、走出教室、走出校园"三法开展教学。

课前，教师要提前布置自主预习任务，学生自主查阅资料，解决较容易的问题，自主探究学习，让课堂质量更高效。通过课前充分地观察、思考和尝试，学生记录活动中发现的问题，并带到课堂。

课堂上，教师通过收集学生提交的预习结果进行数据分析，了解学生对知识点的掌握情况，调整课堂教学方案，从而聚焦教学问题，进行有针对性的教学，为课堂上的"行走"留出时间。根据教学实际，学生可以走出教室去观察，有充足的时间和空间进行独立思考、动手实验、合作探究、小组讨论、组际交流。学生在思维碰撞中不断修正原来的认知结构，使思维能力、探究实践能力和合作精神得到了发展。

课后，教师充分调动学生的自主性，以本课知识的拓展延伸为主要内容，采用主题式实践性探究活动，通过独立学习、小组合作、学校社团或者家庭亲子活动方式，巩固拓展所学知识，让知识回归生活，服务于生活，并尝试完成新的导学任务。

行走式课堂实施模式如图 9－1 所示。

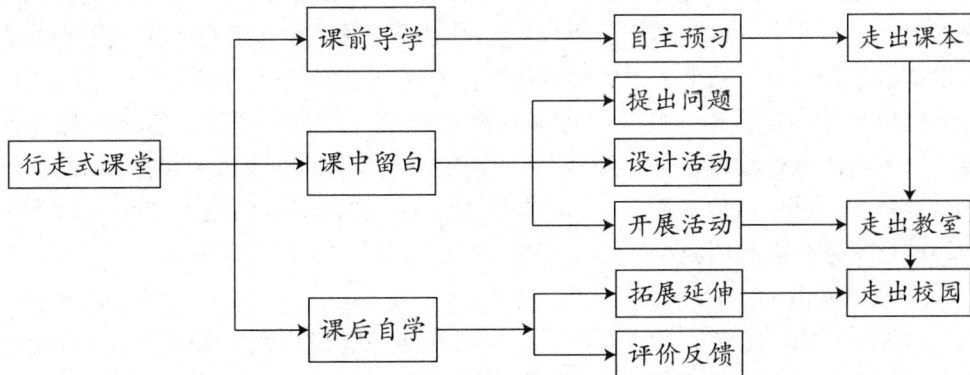

图 9－1 行走式课堂实施模式

1. 课前导学：进行自主预习，加强了解

在行走式课堂中，课前导学环节扮演着重要的角色，它可以为学生提供必要

的背景知识和准备工作，以便他们更好地理解和参与学习活动。学校根据预设课程方案，将学生带入学习场景，培养学生主动获取信息和转化信息的能力，让学生提前进行知识储备，带着期待和疑问，有准备有目的地开展行走活动。在课前，教师可以为学生提供相关资料，引导学生通过查找资料等方式预习与实地活动相关的知识。这样，学生可以在课堂中更有针对性地观察和应用所学的知识，也可以组织小组讨论或学习小组，在课前一起讨论和学习相关的主题或问题。通过小组讨论，学生可以表达各自的观点和理解，激发彼此的思维和学习兴趣。教师可以准备导学材料，包括文字说明、图片、视频等，以介绍实地考察的目标、任务和相关概念。导学材料可以帮助学生在课前了解实地考察的背景信息，并引导他们思考和预测将要观察和学习的内容。教师可以鼓励学生在课前进行个人研究和探索，以增加他们对学习内容的了解。学生针对与实地考察相关的主题进行互动和思考，为实地学习做好充足的准备。

2. 课中留白：开展行走活动，增强实效

（1）提出问题

教师可以提出一系列引导性问题，激发学生的思考和观察。这些问题可以涉及所要考察的主题或实地环境，旨在引导学生关注特定的现象、挑战或问题。问题的提出可以通过口头方式、书面方式或是以图片、视频等形式呈现给学生。提出问题的目的是启发学生自主观察和探索，促使他们主动思考和独立发现。

（2）设计活动

课堂留白环节中，教师需要设计一系列与问题相关的活动，引导学生深入观察和探索实地环境。这些活动可以包括：①观察记录。学生可以利用笔记本、摄影设备或其他工具记录他们观察到的事物、现象或感受。②小组合作。学生可以分成小组进行合作讨论，共享彼此的观察和理解，互相补充和启发。③数据收集。学生可以进行数据收集，如测量、计数、绘图等，以便进一步分析和比较。④实地调查。学生可以选择一个特定的问题或主题，围绕问题自主设计调查活动，进行实地调查和研究。

（3）开展活动

学生在获得问题和活动指导后，可以在实地环境中开展相应的活动。在这个阶段，教师需要提供足够的自由和支持，鼓励学生主动观察、探索和记录。教师可以监督学生的活动进程，提供必要的指导和帮助，确保他们按照设定的目标和要求进行实地考察。同时，教师也要给予学生足够的空间和时间，让其自主地思考解决问题的方法和策略。

3. 课后自主：进行拓展延伸，以评促学

（1）拓展延伸

学生可以通过拓展延伸活动进一步加深对所学内容的理解和应用。这些活动可以是独立进行的，也可以是小组合作或集体讨论的形式。拓展延伸的活动可以包括：①独立研究。学生可以选择一个与课堂主题相关的课题进行更深入的研究和学习。②查阅相关资料，进行实验或调查，探索更多的领域和问题。③根据所学内容进行创意性项目的设计和实施。例如，学生可以制作海报、设计模型、组织展览等，展示他们对课堂主题的理解和思考。④到贴合学习主题和内容的实地环境中进行实践和观察。例如，学生可以参观博物馆、文化馆、名人故居，进行实地考察、社区实践服务等，以加深对学习内容的认识和体验。

（2）评价反馈

评价反馈是不可或缺的一环。评价反馈旨在帮助学生回顾和总结所学内容，并反思自身的学习成果和进展。教师可以通过以下方式进行评价反馈：鼓励学生记录他们在行走式课堂中的学习心得、困惑、收获和反思。教师可以定期查看学习手册，给予学生积极的评价和建议。学生可以选择将他们的学习成果展示和分享，可通过作品展示、口头报告、作品表演等形式进行。教师和同学们可以对学生的展示进行评价和反馈，以促进他们的学习和进步。教师可以组织反思讨论，邀请学生分享他们在行走式课堂中的体验和感受。教师和同学们可以一起探讨课堂的优点、改进的空间和可持续发展的方向，以共同提高行走式课堂的效果和质量。评价更关注行走式课堂中的过程而非结果，通过多元的评价方式和手段，对学生的学习起到激励、指导的作用。

主题3

课例阐述与示范

一、行走式课堂范式呈现

在统编教材语文一年级上册中，有一篇课文叫《升国旗》，用以行走式课堂教学模式对这一课进行教学时，教师的教学目标就不仅仅是教会学生识字词、读文章，而是引导学生想象这篇课文描述的升国旗的场景，以此感受国旗的美丽、升旗的庄重，激发学生的爱国情感。在教学中，抓住学生在学习课文的过程中，对国旗的内涵、设计者和诞生故事等产生浓厚的兴趣这一点，展开教学设计：利用学校社团时间，教师带领学生前往红色主题教育场馆如"国旗教育展示厅"，完成行走学习。在这一过程中，学生可以感受中国的国旗文化、聆听国旗故事、了解国旗法规，增强国家意识和爱国情怀。

1. 提出问题，激趣导学

教师在课堂上立足学生的学习经历，引导学生联系生活经验理解课文内容，懂得要尊敬国旗，热爱国旗。授课过程中，学生不仅认识了生字，朗读了儿歌，还观看了影像资料，感受了升旗仪式的庄严肃穆，分享了自己生活中见到国旗的场景，进一步明白了国旗的重要性。随着课文的深入学习，学生对国旗的感情也越发强烈。课后，学生对于国旗的诞生、国旗的象征充满了探知欲。紧扣这一学习契机，学生进行行走体验学习，提出"探寻国旗诞生的秘密"的问题，走出课堂，开展学习活动。

2. 场馆探访，设计活动

教师提前设计好到达场馆后的学习活动，给每位学生准备了"学习清单"和"锦囊袋"。"锦囊袋"中装有 3~5 个小问题，如国旗的设计者，国旗象征的含义，国旗复选时的数量等。在自主学习中，学生以小队为单位，带着"问题"探访展馆，完成学习任务。

在打卡清单中，列出了以下几个任务：

任务1：在国旗广场向国旗行注目礼。学生在国旗广场立正，向国旗行注目礼，表达对国旗的敬意，感受课文描绘的场景。

任务2：参观国旗教育展示厅。学生前往场馆内参观学习，从"国旗诞生"展馆，了解国旗的诞生；到"国旗飘扬"展馆，回顾与五星红旗同框的高光时刻；再到"国旗和我"展馆，认识五星照耀下的无名英雄。在此过程中，学生深入了解了国旗文化，对祖国的热爱之情油然而生。

任务3：回答"锦囊袋"中的问题。参观完毕后，学生打开锦囊袋回答其中的问题，巩固在课堂之外学习到的知识，同时增加了行走学习的趣味性。

任务4：用自己的方式表达对国旗的爱。学生选择自己喜欢的方式向国旗表达自己的情感，或是文字，或是绘画，或是手工作品。教师将学生的作品收集后在班级进行展示，学生在分享、交流的过程中，提升了民族自豪感。

3.成果展示，评价反馈

行走式学习让每一位学生都收获满满，在走出课堂的学习延伸活动中，对国旗有了全方位的了解，明白了国旗的重要意义。学生的成果也是丰富多彩，一份份充满创意的树叶画、一件件匠心独具的手工艺品，还有一句句情感真挚的寄语，无不饱含着同学们浓浓的爱国之情。再读《升国旗》时，学生们富有感情了，对课文的理解更加深刻了，对成为少先队员也更加向往了。

整个学习活动，融入了学校行走课程项目和语文学科中的课文，引领学生走进课堂学课文（启智、激趣），走出课堂游场馆（实践、感悟），两者相辅相成，实现了"1 加 1 大于 2"的效果。

二、"三步"在实际教学中的实施

1.课前导入：自主探究

以北师大版数学七年级上册第六章"数据的收集与整理"为例，基于本章的教学内容安排，课前导学有两个任务：

任务一：根据研究主题预习课本内容，设置调查报告。
任务二：数据的收集。 1. 走出课堂，走进社会进行问卷调查。 2. 设置问卷星进行调查。

首先要让学生通过社会调查以及"问卷星"调查体验数据的收集，学习两种不同的调查方式——普查和抽样调查，让学生在课堂中尽可能遇见真实情境感受真实社会。在课前，学生讨论确定研究主题，并根据主题设置调查报告；同时预习课本内容，为完成社会调查和本章知识的学习做准备，让学生真正成为课堂的主人，让知识的学习服务于生活，同时培养学生的自学习惯和自学能力，提高学生的学习效率，激发学生自主学习的主观能动性。采用行走式课堂进行教学，具体使用"自主探究法"和"小组合作法"，由浅入深，循序渐进，把教材和学生串联起来，把数学学习同历史知识串联起来，把课堂里的学习同社会上的热点串联起来，达到深度学习。

以英语学科为例，课堂是英语学习的主要平台，如何将生活引入课堂教学中？教师借助现代技术手段，巧妙地将现实生活搬进了课堂。

在国庆节这节课中，教师可以通过查找资料，拍摄照片，将生活中真实的国庆场景拍成视频，做成英语微课，从生活中挖掘最真实的情景，给学生呈现一节具体可感的"国庆节"英语课。在真实场景中，学生进行交流与表达。

在"世博会"这节课中，可以拍下上海世博会场馆和世博吉祥物"海宝"，制作成最新的会话课题材，将奥运会、环境探究等主题课程融入课堂。"行走式英语"会话课的教学模式就是这样诞生的。

2. 课中实践：真实体验

为了让学生理解课堂所学，教师经常带领学生走出课堂，认识学校的树木、池塘、长廊，参观学校的教学楼、图书馆、学术厅，认识校园内的各种英文标识。让班里的每一名学生认领一棵"梦想树"——校园植物，并给植物命名，配上英文卡片挂在树木上。伴随着植物的生长，学生每天一走进校园，就会主动去"看望"所认领的植物，并用简单的英语与植物对话。在每年的英语节期间，学生用英语将自己的心愿写下来，挂在他们认领的"梦想树"上，再带领全班学生逐一参观，学生可以对其他学生的英语心愿畅所欲言，进行点评。在此场景中，学生不自觉地将英语学习运用到了实践之中。

新课标指出，在科学课教学中注重培养学生良好的科学素养，让科学教学真正贴近自然、贴近经验、贴近生活。生理学家巴甫洛夫曾这样告诫学生："不学会观察，你就永远当不了科学家。"他把"观察、观察、再观察"当作座右铭，观察就是最贴近自然、贴近生活的科学探究活动。室外观察尤为重要，它是科学课教学中不可缺少的重要环节。

以科学课"观察不同环境下的根"为例，要了解生长在不同环境中的植物根的样子，就要行走起来。教师可以带领学生在校园或公园里进行观察。通过观察，同学们眼中也有了不同的答案。他们在老师的指导下，用画笔画出不同的植物叶片。有的圆，有的扁；有的长，有的短；有的边缘不清，有的棱角分明……同学们在老师的带领下，沿路边走边观察不同植物的形态各异的叶片。通过室外观察，学生可以利用观察获得的感性认识来验证课本中学到的理性知识。室外有着广阔的空间和开阔的视野，有着丰富的教学资源和良好的教学环境，可以构建学生与外界世界的直接联系。科学教师把课堂"搬"到室外，并充分利用好学校为学生提供的辅助教学工具、设备，不仅能让学生更好地体验知识、拓展思维，还能提高学生的学习兴趣。

3. 课后拓展：知识延伸

以小学语文六年级上册第八单元"走近鲁迅"为例，整个单元文章围绕鲁迅这个人物展开，学生通过课堂的自主学习，对课内的知识进行梳理和归纳；利用零散的关键词句概括人物形象；通过对比阅读，在语言的碰撞中、在思辨融合中发表独特见解，习得写作方法。在课后，学生通过整合教材，拓展学习内容，如读鲁迅其文、知鲁迅其事、品鲁迅其言、感鲁迅其魂。教师借思维导图，帮助学生建构鲁迅形象。学生的作品在校园内进行展示，同时鼓励学生课后通过前往鲁迅故居等地，实现身体上的行走，在实地观察体验中，将课本上的知识与实际看到的、听到的相融合，实现知识的融会贯通。

三、"三法"在实际教学中的运用

1.走出课本

教育不应局限于课本，而应走出课本，提供更加综合和多元化的学习体验。教育的目标是培养学生的综合素养和能力，帮助他们在不同领域发展并面对复杂的现实挑战。尽管课本是重要的学习资源，但仅仅依赖于课本教学会限制学生的学习视野和创造力。行走式课堂不是抛开课本，而是在学习课本知识的基础上，实现知识的外拓和延伸。在学习本课知识前，学生根据兴趣，在网上搜集信息，结合已知经验理解等方式提前了解。在学习本课知识后，学生个性化选择学习内容进一步拓展延伸，可以通过查找书本上未提到的知识，将课内、课外知识串联，形成思维导图或知识网。

浙江某小学进行越剧"牵手"古诗词的实践。在学习课内古诗后，学校邀请越剧大师为课本里的古诗词谱上了不同流派的越剧曲谱，带着乡音越调的古诗词可唱可演。教学导入时唱一唱，熟悉今天要学的古诗词；课堂中唱一唱，感悟诗中情感；下课前再唱一唱，带着无穷回味结束这一课。课后，学生们穿上长衫，化身诗人边唱边演，将古诗拍成微视频进行展示。

课内古诗和课外古诗通过越剧的形式相互融合，使学、唱、演的行走式学习中扎根于学生心中。

2.走出教室

真正的课堂，是知行合一的课堂，实现"做中学，学中觉，觉中做"，让孩子拥有开放性思维和批判性思维，在真实世界中亲身感受所学所知，将课堂内外的知识融会贯通，不断发现、思考、研究、探索，最终提升自我认知和自身综合素质。如果将教室理解为学生学习活动开展的场地，那么教室的意义就更加宽泛，只要能为学生的学习提供有效教学资源的，就是教室。放眼校园，学校都有极具本学校特色的场馆，如可以开展朗读指导的朗读亭，可以进行科学探索的创客空间，可以进行劳动体验的种植园、迷你动物园，甚至校园中的一草一木都可以为学生的学习提供丰富的资源。当学生走出小小的空间，所见所触、所思所想也不再受到空间的局限，可以进行学科实践、跨学科体验、综合学习，让学习生活化、游戏化、活动化。

　　小学科学新课标指出不要把科学教室当作学生科学学习的唯一场所，不要把上下课的铃声当作学生科学学习的开始和结束。某小学进行的小学科学"场馆中的科学课"教学实践，就利用学校海创孵化场、海创动物园两个场馆，基于真实生活情境，围绕"蛋"这个主题进行教学设计，带着学生走到场馆中去观察，在行走中实现深度学习。

　　场馆中的科学课为学生提供了更多直接参与的各种科学探究实践活动，充分满足了学生对周围世界强烈的好奇心和积极的探究欲，让学习成为学生主动参与的活动。

3. 走出校园

　　新课标强调要加强课程内容与学生经验、社会生活的联系，强化学科内知识整合，统筹设计综合课程和跨学科主题学习，注重培养学生在真实情境中综合运用知识解决问题的能力。走出校园的行走学习是对学科知识生活化的补充，学生在老师指导下，结合课程相关知识与实地实践，切身获取相应知识。在行走中增长知识和才干，在行走中增进对文化、对社会的了解和体验，更在行走中完成自我的认知和完善道德意识。通过现场讲解、观察调研、思考讨论等多种形式，学生加深对知识的理解与运用。因此，在课程设计上，横向需做到多门课程重点的串联和衔接，纵向还要兼顾到活动目标制定、活动方案设计，以及评价和总结的系统性。

　　某学校利用就近的地域文化，拓宽课堂教学的边界，打造"河阳古民居全课程"实践活动。学校充分利用小镇耕读文化，以探究古建筑文化为"点"，把课堂搬到生活现场，铺开语、数、英、科、音、体、美、综合实践的"面"。

　　学生在数学老师的带领下，在古民居开展比例尺的学习。利用刚刚学会的比例尺知识来绘制精确的虚竹公祠平面图。学生在语文老师的带领下，走进虚竹公祠，利用参观访问、查阅资料、讲故事等形式了解名人故事，挖掘他们身上闪光的品质。学习吟诵《河阳家训三字经》，并深刻理解和体会其中蕴含的道理，感悟中华优秀传统文化。学生在其他科目老师的带领下利用景区文明标语学习英语口语，利用建筑雕刻图案学习美术绘画，利用榫卯结构学习古建筑中的科学……

专题十
以学习为中心的课堂评价

以学习为中心的课堂评价，其评价标准的建立方式需要转变，评价的管理、选拔功能需要弱化，而导向、激励、诊断和教学的功能则需要凸显。打造以学习为中心的新课堂，务必将评价嵌入课堂学习之中，要把学生放置于课堂评价的主体位置，激发学习者成为自己学习的主人。

课 堂评价是课堂学习中的重要一环，教师通过搜集信息、分析解释测量学习情况，运用科学的方式进行反馈，进而为学习者学习提供决策依据。但是在一线课堂中却往往因学习时间有限、教师评价能力不够等因素，导致评价在课堂学习中被人忽略、不受重视。"一刀切""假大空""机械化""片面式"的课堂评价无不制约着学生的学习效果。良好的课堂评价不仅可以检验教师的教学效果，促进教师及时调整教学计划；还能诊断学生的学习成果，使学生的学习得到及时的反馈和改进。因此，打造以学习为中心的新课堂，务必将评价嵌入课堂学习之中，不光要着眼于教师的评，更要把学生放置于课堂评价的主体位置，以促进学习为课堂评价的准则，激发学习者成为自己学习的主人，形成以学习为中心的课堂评价。

和以往的课堂评价有所不同，以学习为中心的课堂评价其评价标准的建立方式需要转变，评价的管理、选拔功能需要弱化，而导向、激励、诊断和教学的功能则需要凸显。指向学生核心素养，遵循人文性、诊断性、发展性、开放性的评价原则；指向学生综合发展，确立学科态度、学科知识、学科实践、学科思维的评价维度；凸显学生主体地位，进行强调评价前置、创设评价任务、共商评价标准、建立评价量规、促进评价反思的评价设计；基于学生多元选择，融合选择式评价、书面式评价、交流式评价、表现性评价、跟踪式评价、新技术评价等评价方式，使课堂评价真实发生，学生学习全程参与，进而借助评价促进教师的教学、学生的学习正向发展，充分发挥评价的育人导向。

主题 1

评价的原则，指向学生核心素养

以学习为中心的课堂评价，区别于以往侧重于检验学科知识和技能掌握情况的评价，而更侧重于学生学科关键能力的生成和学生核心素养的培养。在设计和实施时需要做到客观科学，促进发展，整体规划，指导提升，遵循客观性、发展性、整体性、指导性原则。

一、客观性原则

课堂评价必须真实地反映学生课堂的学习情况和教师课堂的教学质量，才能为调节学习和教学提供较为切实的参考。因此，课堂评价要以切实反馈为目标，以客观科学的测量标准、评价态度进行评价。要求不受评价者的主观意志和情感态度的影响，公平、公正、实事求是地围绕评价标准进行评价。评价者都需要"像评估员一样思考"，进行多元的客观评价，有助于更好地帮助学生诊断学习成效和问题、反馈学习成果，有助于更好地促进教师教学的改进。

二、发展性原则

以学习为中心的课堂评价，前提是以学生为中心的课堂。学生是处在不断发展过程中的，因此学习的过程并不是一成不变、顺利发展的，而是不断有起伏变化、动态调整的过程。课堂评价始终以发展学生的核心素养为出发点和落脚点，是推动学生学习调节、促进学生动态提升的最佳方式，利用好课堂评价这个助推器，可以助推学生的发展。发展性原则决定了正向引导，将课堂评价贯穿学习始终，更好地把握学生学习的进阶水平。

善于发现学生在学习过程中的变化和发展，促进其终生发展，激发每个学生的无限可能。有的学生受挫能力弱但性格要强，多多树立榜样，发挥榜样的作用，放大闪光点，那么他便会以积极的心态向优秀学生靠拢；有的学生比较骄傲，适时提出建议，并时常敲打，帮助其扬长避短……我们要根据不同学生的特点进行相应的课堂评价，告别"一刀切""机械化"的评价。

三、整体性原则

"风物长宜放眼量。"教育过程的复杂性，决定了评价过程的复杂。学习不是一蹴而就的事，而是需要绵绵用力的长久事；而课堂学习只是学习的一小部分，并不能代表学习的全部。因此我们的课堂评价，不能只着眼于学生课堂学习的结果，而更应该对学生课堂学习的过程负责，以课堂评价指导学生的学习。课堂上的评价需要持续关注、整体规划。

学生的发展离不开教师全程的持续关注，教师要关注学生学习前后的变化，监测当下的学习过程，加强反馈，引导学生进行调节，包括学习方法的调节和学习心态的调节。当学生学习积极进取时，要运用表现性的证据让其获得学习的成就感；而当学生情绪低落气馁时，也要运用表现性的证据指出当下存在的问题，为学生后续的学习提供指导，对学生的未来发展负责。

四、指导性原则

课堂评价的重要环节是进行课堂监测，其中包括学生在课堂学习时所采取的学习态度、运用的学习方法、掌握的学科知识程度等。课堂评价不能只注重课堂检测的结果，更要将检测后的指导融入其中。教师在课堂中的角色，已然转变为促进者，教师在设计和运用课堂评价时，还要注重方法的引领、注重态度的调节、注重习惯的养成。通过教育批评与教育鉴赏发现并欣赏学生特质与优势，以积极的眼光看待所有学生，帮助学生发现自己学习的成就和不足，更为其全面了解自己、悦纳自己、提升自己提供帮助，以全面促进学生的进步。

主题2

评价的维度，指向学生综合发展

以学习为中心的课堂评价需要监测学生多方面的课堂表现，评判学生多方面的学习情况，以助推学生的综合发展。其中包括学生上课时的状态、学习的态度、养成的习惯、学业水平的发展程度、学习过程中的行为表现，以及思维上的发展等等。我们将以上学习情况概括为学科态度、学科知识、学科实践和学科思维四个评价维度，尽量做到不交叉、不融合。

一、学科态度

良好的学科态度是学习的基石，态度越是积极、端正，学习之路也就更为坚定，它对学习产生至关重要的影响。积极的学科态度，有助于学习事半功倍；反之，消极的学科态度、不良的学习习惯会让学习效果大打折扣。在课堂评价时，要强调学科习惯是否养成，小组合作是否参与，学习的主动性、探究性是否激发，以帮助学生形成正确的学科态度。

在对科学学习活动"项目化气象站"进行课堂评价时，除了"观测要素"这一知识性的反馈之外，更凸显了"坚持记录""小组合作""小结自评"等评价维度。其中坚持记录情况和字迹都是从细节上反馈了学生学习的态度。在小组合作中参与讨论、发言的次数则反馈了合作学习的主动性和参与度。学生通过小结自评、同伴互评及教师总评，更为细致客观地明晰自身的学习情况。

表10-1 "项目化气象站"评价表

评价标准	对照要求，补充完整	自评等级	同伴互评等级	教师总评
观测要素	我后期观测了____个天气要素。			
坚持记录	我坚持了____天记录，字迹____。			
小组合作	我参与了____次讨论，其中发言了____次。			

续表

评价标准	对照要求，补充完整	自评等级	同伴互评等级	教师总评
小结自评	我的小结整理是否完整准确？自评是否准确？			

二、学科知识

学科知识的掌握是学习的关键点。核心素养的发展，离不开学科知识的积累。学有所获是课堂的要旨，监测学生每堂课学科知识的掌握情况至关重要。《义务教育课程方案和课程标准（2022年级）》明确了课程内容及学业发展水平的相关内容，从纵向看，不同发展阶段学生学科知识的掌握程度是不相同的，但学段与学段间有一定的关联和进阶；从横向看，不同学科知识又有所关联、有所融合。

课堂评价要强调知识上的了解和掌握，可以是单一学科的知识掌握，也可以是跨学科的综合性知识的掌握。

在进行小学数学"100以内数的认识"单元学习课堂评价时，"数数和数的组成""读数、写数""数的顺序""数的大小比较""两个数之间的关系""计算整十数加一位数及相应的减法"这些学科知识，是评价量表（见表10-2）的重要组成部分。

表10-2 "100以内数的认识"单元评价量表

评价维度	评价内容	评价标准 ☆	☆	☆	自我评价	同学评价	教师评价
数学知识	数数和数的组成	正确数出100以内的数，能说出数的组成。	有序数出100以内的数，能看图写数。	多种方法数出100以内数，能根据条件说出这个数。	☆☆☆	☆☆☆	☆☆☆
	读数、写数	能正确读出、写出100以内的数。	能看图写数。	能按要求写数。	☆☆☆	☆☆☆	☆☆☆
	数的顺序	能根据数的顺序，填完百数表。	能根据书写顺序、不同的规律，有序填完百数表。	能根据百数表的规律，正确完成百数表的填空。	☆☆☆	☆☆☆	☆☆☆
	数的大小比较	能比较出数的大小。	○里填＞、＜或＝。	□里最大能填几？	☆☆☆	☆☆☆	☆☆☆

评价维度	评价内容	评价标准			自我评价	同学评价	教师评价
		☆	☆	☆			
数学知识	两个数之间的关系	会描述两个数之间的关系。	会用精确、完整的语言表达比的结果。	能根据语言描述的数与数之间的大小关系以及给出的数据来确定具体的数。	☆ ☆ ☆	☆ ☆ ☆	☆ ☆ ☆
	计算整十数加一位数及相应的减法	会计算整十数加一位数及相应的减法。	会熟练计算整十数加一位数及相应的减法。	会运用整十数加减一位数或数的组成填写未知数。	☆ ☆ ☆	☆ ☆ ☆	☆ ☆ ☆
数学思考	用圆片有序摆数	会用圆片摆放。	会有序摆放。	不摆圆片直接写数。	☆ ☆ ☆	☆ ☆ ☆	☆ ☆ ☆
数学实践	圈一圈解决问题	数一数解决。	圈一圈解决。	数的组成解决。	☆ ☆ ☆	☆ ☆ ☆	☆ ☆ ☆
情感态度		主动	认真	合作	☆ ☆ ☆	☆ ☆ ☆	☆ ☆ ☆

三、学科实践

学科实践的参与是学习的落脚点。聚焦学生发展核心素养，培养适应未来发展的学生，需要培养其在真实情境中发现问题、分析问题、解决问题的能力，因此，学科实践是在理解学科知识的基础上，帮助学生进行知识的自我建构，通过学科问题的探究、解决与创造，逐步向科学、文化、审美等层次开展，以自主、合作、探究的学习方式在做中学，从而推动育人方式的变革。

课堂评价凸显过程表现，体现了学科知识在实践体验中的综合内化，从而促进学科学习在学科实践中真实发生。

在小学三年级劳动课程"生活自理我能行——自己做早餐"项目中，由于课程富有显著的实践性，因此课堂评价更加聚焦学科实践。不论是学习使用简单的电器任务，还是学习制作简单的早餐任务，都离不开课堂中的学科实践方面的评价（见表 10-3 所示）。

表10-3 "自己做早餐"任务评价量表

任务一：学习使用简单的电器		等级	任务二：学习制作简单的早餐		等级
	课堂评价			课堂评价	
学科知识	知道哪些食物和餐具不可以在微波炉中加热。		学科态度	乐于做早餐，感受自己做早餐的快乐。	
学科实践	能根据食物特点选择合适的加热方法。		学科实践	能设计营养均衡的早餐。	
	能安全使用微波炉。			能进行简单的蒸、煮操作。	
学科态度	感受微波炉加热食物的快捷。		学科态度	感受劳动创造美好生活。	

四、学科思维

学科思维发展是学生学习的落脚点。学生核心素养要落地，学科思维能力的培养是其应有之义。任何学科的学习都离不开直观思维、形象思维、操作思维、抽象思维、逻辑思维的发展。语言发展的过程也是思维发展的过程，思维能力是语文学科核心素养的内涵，数学思维是数学学科核心素养的内涵，英语学科注重学思结合，劳动学科也要求筹划思维的发展……

课堂评价也要关注学生思维方法的习得和思维能力的发展。

在语文课程中，学生思维能力的发展要以语言运用为基础，在语文学习过程中学生要积极思考，勇于创新。语文阅读的学习，离不开联想、分析比较、验证推理等思维方式。因此，课堂评价也要将学科思维作为重要的评价标准之一（见表10-4所示）。

表10-4 学科思维评价量表

评价维度	评价指标	分值
学科态度	水平二：愿意向他人讲述预测的想法。 水平一：喜欢预测。	
学科知识	水平二：能自信地说出自己的预测想法或经历。 水平一：能寻找生活中的无意识预测。	
学科实践	水平三：进行丰富的预测。 水平二：能进行有理有据的预测，修正自己的想法。 水平一：能借助提示进行预测。	
学科思维	水平三：对比分析猜想结果，体会猜想、验证、推理等思维方式。 水平二：及时修正想法。 水平一：符合原故事逻辑。	

主题 3

评价的设计，凸显学生主体地位

　　课堂评价既包括教师教的评价，也包括学生学的评价，是检验教与学质量的标尺。评价的设计则决定了标尺检验的效果，设计得好则有利于教学的反馈和学习成效的呈现；设计不当则无法检验成效。在评价设计时，往往侧重于教师教的评价，容易忽略对学生学的评价。

　　传统的课堂评价在设计时往往是顺向设计的思路，先确立评价的内容，根据内容创设任务，再建立标准开展评价，且标准的制定者往往是教师。但以学习为中心的课堂评价，在评价的设计时，则更加凸显学生的主体地位，转变评价方式，以协商式评价、表现性评价、增值性评价，促进评价的共建、共评、共思。它首先强调评价前置，先设定学习目标，再创设评价任务，共商评价标准，使要求标准化，明晰学习的方向，促使学生踏入学习憧憬期，愿意学习；其次建立评价量规，使师生共同进行评价，推动表现多元化，激发学习动力，促进学生步入学习自觉期，学会学习；最后共同评价反思，推动过程持续化，使反思推动改进，促进学生迈入学习自信期，乐于学习（如图 10 – 1 所示）。

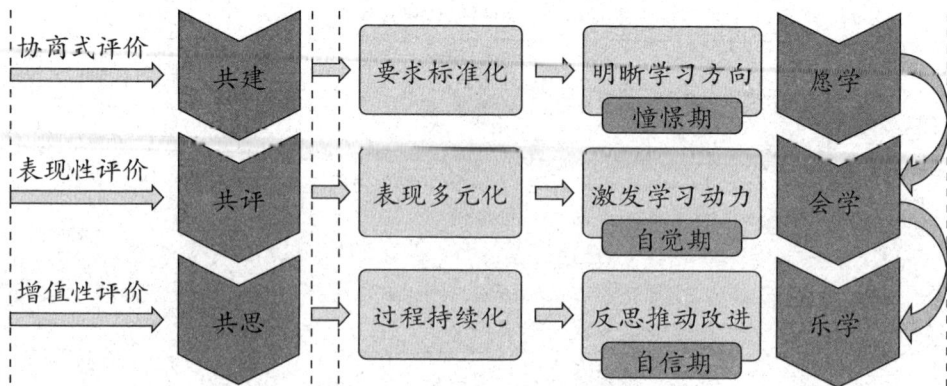

图 10 – 1　以学习为中心的课堂评价

专题十 以学习为中心的课堂评价

一、强调目标前置

和以往的学到哪里走到哪里的课堂相比，以学习为中心的课堂，不论是共学式课堂、问学式课堂、支架式课堂，还是沉浸式课堂、项目式课堂、行走式课堂的课堂实践，在课堂评价时，都强调目标前置，预期学习结果。基于维果斯基的最近发展区理论，有了预期的准备，教师和学生都明确了要到哪里去，分析现在在哪里，怎样学的路径则变得更为清晰，课堂评价也能——对应、有所参照。

首先，聚焦核心概念，明晰学习总目标。教师研读课标和教材提炼核心概念，确立学习总目标，再依据不同学段的特征、单元的编排、课时的划分，突出学生核心素养在不同阶段的发展需求，将总目标分解为分目标，要富有连贯性和适应性。有了全局的统领、整体的架构，在课堂学习时，学生应达到学业水平的标准就清晰可见，评价也能更为贴切和适宜。

根据评价的维度，目标还可以分为学科情感类目标、学科知识类目标、学科实践类目标、学科思维类目标等不同维度的小目标。学科情感类目标着眼于学生情感的体验、兴趣的激发、文化的传承；学科知识类目标注重于知识的了解和内化；学科实践类目标注重于技能的习得、成果的展示；学科思维类目标注重于思维方法的运用、思维能力的发展等。从总目标到分目标，再将分目标细化为具体的不同维度的目标，让抽象的目标学习路径逐步变得具体可见。

在讲童话故事单元的学习实践中，围绕"借助提示完整地讲童话故事，初步感受改变的力量"，梳理中、低、高年级不同学段的具体要求。低年级的目标为借助提示讲故事、分角色演故事、仿创故事；中年级为借助提示复述童话、按自己的想法创编故事；高年级为介绍故事梗概。明晰了低年龄段该达成的学习目标后，再根据不同的维度细化为单元目标，如学科态度方面为能在生活化的学习情境中，丰富生活经验与词句积累，喜欢阅读，能联系生活体会"改变"蕴含的道理；学科知识与实践方面为在具体的活动情境中，能读好课文，在了解课文主要内容基础上，借助提示完整地讲故事，学习合作，与他人讨论，敢于发表自己的意见，并能分角色演一演故事；学科思维方面为能发散思维，合理续编故事，实现创新表达。学习逐步落实，路径逐渐明晰。

二、共商评价标准

在评价时目标前置的关键点是评价标准的建立，学习者知道了评价的标准，带着目标学就等于在心中装了一把衡量和检验自己学习情况的参照尺，可以对照评价标准来调节学习，有助于自查自省。以学习为中心的课堂评价，应当和学习者一起完成，那么评价标准也应该是师生共同商讨、共同建立的。学习者分享和理解成功标准，从而明晰学习目标所要达到的标准。

评价标准并不是固定不变的，而是多样的，甚至是可以超越，能进行迭代的。评价标准依据学习目标，对照课程标准和学业质量中的内容，或是对照优秀样例而制定。评价标准在建立时需要参照两个问题：一是学习者成功时会有怎么样的具体表现，即有何种观察指标；二是学习者需要采取什么样的策略。教师借助评价标准提供学习反馈，更多地指向学习者具体的学习表现，反馈的学习表现越是具体，学习者越知道该怎么做、该如何改进，也就越能接近成功标准。

在学写汉字"决、定、夫"时，先由学生自主观察，讨论得出三个生字的结构特点，发现评价的关键——"人"在不同汉字中的不同位置和结构上在书写时的变化。教师在学生观察发现的基础上进行总结，从而师生共同得出评价标准。学生在练写时参照评价标准进行评价，既知道怎么样才算写得好，又能通过对比分析得知自己的问题在哪里，从而不断加以改进。学习从教师的教，也就真正转变为学生的学，从而达到学习者自主参与、自主学习、自主进步的目的。

表 10-5 "决、定、夫"书写评价

生字	评价标准	自评	同桌评
决	撇长捺短，"人"紧凑		
定	撇短捺长，"人"舒展		
夫	"人"在中间，撇捺舒展		

三、创设评价任务

课堂评价需要设计具体细化的评价任务。课堂评价任务的创设应围绕学习目标来开展，促进学生的个性化、多样化学习，具备灵活性和开放性；应和教与学紧密切合，具备一致性、连贯性；应围绕学习目标展开，通过任务引出目标信息的达成，促成学生学习的表现或学习成果的物化，促使学习目标可视化、成果化。

聚焦核心概念，构建评价情境。评价情境的创设应贴合真实生活的需要，富有意义、具有挑战性，能激发学生在情境中运用知识发现问题、分析问题、解决问题，提高学习的深度。评价情境在创设时要关注内容间的横向关联、学段间的纵向关联，可通过主题关联、问题串联、专题并联等方式具体划分主题式、问题式、专题式情境，可以是单一任务，也可以是跨学科整合的综合任务。

设计具体活动,搭建评价支架。在评价情境下,要确定评价内容,进行评价分析,包括对学习者应该做什么、怎么做、做到什么程度进行分解,以建立评价的支架。评价支架可以是细化的系列活动或探究的系列问题,贴近学习者的学习生活。在搭建支架时要关注关联性、序列性和进阶性,量表要清晰可观测、分层有提升,促使任务设计富有层次。

在英语三年级上册 Unit 3 "Food" 的单元学习中,创设选择食物的评价任务,并细化任务目标,对学生的任务步骤开展评价。

表10-6 任务导向的单元评价设计

活动任务	设计意图	任务目标	任务步骤
Let's talk and tick or cross. (对话并选择你所喜欢或者不喜欢的食物)	1. 让学生们通过对话选择自己喜欢或自己不喜欢的食物来操练对话: Do you like...? Yes, I do. No, I don't.	1. 能够听懂、会说单词: cake, bread, meat, ice-cream, potatoes, tomatoes, fruit	Step 1:Review the food words.
			Step 2:Student and one top-learner show the dialogue.
	2. 同时让学生们互相了解对方对于食物的喜好,增进同学之间的了解和感情。	2. 能够用句型 Do you like...? Yes, I do. / No, I don't. 询问并回答对食物的喜好。	Step 3:Two top-learners show the dialogue.
			Step 4:Pairs come to the front to show the dialogue and the teacher gives feedbacks.

四、推进评价实施

课堂评价的推进,不仅要教师的推动和跟进,要学习者的投入和参与,还需要选择恰当的评价工具,建立好评价量规。

评价工具的选择是多元的,闯关卡、任务单、清单、档案袋……不同的评价工具发挥着不同的作用,都致力于把学生的知识、能力发展外显化。对于同系列的进阶式的课堂评价任务,可以采用闯关卡、任务单等方式,如在学习数学个位数、十位数、百位数的加减法时,除了学习难度的进阶,还可设计不同的计算时间使难度升级;对于同主题具有持续性或者成果展示的课堂评价任务,可以采用档案袋的方法来记录学习者的过程表现,如在学习对蝌蚪、蚕宝宝的认识时,不断记录它们成长的过程;对于细则明确、步骤清晰的课堂评价任务,可以采用清单的记录方法,如劳动学科记录各项劳动活动的清单使用;对于复杂推理要求的阐述性课堂评价任务，可以采用书面记录的方法，如物理、化学等需要过程推断的学习内容。

评价量规是传递学习目标的载体，需要精心设计。以往的评价量规，评价维度单一，对评价的内容只有粗略的概括和分数的反馈，或是只注重任务本身而忽略了学习主体的表现。以学习为中心的课堂评价，评价内容和规则清晰明确、等级分明，核心素养划分细致、维度多样。评价量规清晰明确，将学习者的学习过程清晰呈现，使学习者明确自己的能力和目标间存在的差距，并为之努力。评价量规要划分等级，对学习者的学习表现加以评判，在设置阶梯水平时，可以分为水平一、水平二、水平三或者优、良、合格等表述，以此来衡量学生的表现水平，有利于学生开展自我评价，从而更好地达成课堂学习目标。

五、开展评价反思

评价任务之中运用评价工具得出的评价结果是学习重要的调节器，有助于教师开展教学反思，更有助于学生开展评价反思，促进"教—学—评"的联动发展。评价反思的结论不仅能够帮助个体发展，也有利于伙伴间相互学习，汲取宝贵的实践经验，加强体悟。

评价反思，首先是学习上的反思，有助于学习知识体系的建构和完善，提升思维的发展，如在学习平行四边形的基础上，再认识有一个角是直角、一组对边相等的平行四边形是正方形，建构起图形间关系的知识网；其次基于实践上的反思，如学习美术工笔画时，在原有基础上体悟不同的用笔、用墨表现出不同的线条和图案，使作品变得栩栩如生；最后还在情感上进行反思，丰富自己学习的体悟，如道德与法治学科在学习"父母的爱"时，学生能反思自己对父母的行为表现，从了解父母的爱、体会父母的爱，反馈父母的爱，用自己的行动来爱父母。以上评价反思，都建立在教师收集信息、及时准确地指出学习者的优点及不足之处的基础上，以帮助学生为后续的学习指点方向、给出建议。

主题 4

评价的方式，基于学生多元选择

教育学家第斯多惠说过："教学艺术的本质不在于传授，而在于激励、唤醒和鼓舞。"课堂评价在课堂学习中提供有效的信息交流，激励学习者的学，无疑发挥着至关重要的作用。新课标强调评价方式的多样化，其选择和使用有利于诊断学生的学习，促进学生发展为准则，不应拘泥于形式，应当提供多样的方式、让学生多元自主地选择。但不论哪种评价，都要注意不以分数和结果为重，而以学生学习过程的表现为重，注重质性评价和量性评价相结合。

根据侧重点不同，评价可划分为反映式、问题式、作品分析式、跟踪式、多元主体式等评价方式，针对不同的课堂学习阶段有选择地使用。关注课堂评价侧重点和评价主体，选择适宜的评价方式，让评价真实、有效地落地。

一、选择式评价

在课堂中给学习者提供一定的选择，通过其不同的选择来考察学习者的知识掌握情况，使评价更具有客观性，能减少教师主观带来的影响。在课堂评价中，检测学科知识的掌握，考察学习者了解知识内涵及外延的程度，考察思维的对比分析、推理探究，以及学科技能的掌握情况，都可以用选择式评价的方式。但是在组织评价任务时，需要科学、简要地对评价命题进行设计。

针对简单的学习任务，可以提供不同的选择来考察学习者的掌握情况，包括选择、判断、匹配、填空等形式。如在学习多音字时，往往需要考查学生对知识的理解及对比分析的思维方法，教师将多音字的不同读音分别放入同一个语境之中，让学生进行选择、收集信息。学生选择的答案便能呈现其学习的成果，当然其中并不能排除一定运气，因此在使用选择式评价时，教师还要穿插运用交流式评价，使学生不仅知其然更知其所以然。

二、书面论述式评价

在课堂中让学习者通过书面的方式进行论述，教师根据学生的论述表达水平进行评价。特别是针对课堂上较为复杂的学习任务，学生可以通过阐述、论述等方式参与评价，能够帮助教师较为准确地了解学习者对知识要素及其之间关系的掌握情况，进行学科客观地评价。这种方式适用于检测学科态度的状况、学科知识要素及其之间的关系，以及进行学科思维过程的再现，对于学科实践则不便评价。

如在数学学科推理计算时，分析、归纳、推断等抽象的思维过程不易显现，只有通过书面式的检测评价，才能将思维过程具体化，使每一个步骤和环节更为清晰可见，便于学生分析思维过程的正确性；在语文学科中，面对同一问题的不同观点，让学生进行观点的论述，多见于阅读题中考查学生的理解能力。

三、表现性评价

表现性评价具有较高的综合性。学习者在课堂中完成一些学习任务或者解决一些问题，教师可以通过表现性评价对学习者参与课堂学习过程中的表现进行观察，以此来判断学生的认知思维及解决问题的能力，具有实时性。表现性评价需要在学习者学习的过程中收集学习凭证，以反映学习者核心素养的发展水平。评价贯穿一个学习任务的始末，有周期性，有一课时一周期、一主题一周期、一单元一周期等。在评价周期中，需要持续关注学生的具体表现。评价的方式包括课堂观察、过程表现、参与实践等，适用于评定部分情境中学科知识、学科思维的运用，也适用于评定所有的学科情感、学科实践、成果作品的表现。

课堂观察的评价形式多样，可以使用跟踪式评价，建立学习评价档案袋、方案策划及学习情况记录表，或者运用新技术评价进行线上投票等等。随着新技术的发展，钉钉班级圈投票、微信公众号投票等技术手段的升级，课堂观察样态也在持续更新，教师可以利用线上投票、数据追踪等，了解学生整体的学习情况。

在少先队"寻杭州滋味"活动中，将评价任务设计为逐步争章活动。按照少先队活动序列制定了为期一学期的评价体系，安排了初识滋味章、探寻文化章、故事讲堂章、揭秘时刻章、制作食光章、分享传播章、再识滋味章、研学汇报章、美味代言章……以跟踪学生每节课的课堂表现。每位队员都有一张勋章收集卡片，在课堂上完成相应任务即获得一枚奖章，集齐活动所有印章，就能获得一张少先队活动奖状。将争章的形式作为少先队活动课的评价方式，更能调动队员们对活动的积极性和参与性（见表10-7所示）。

表10-7　少先队活动课评价设计

"寻杭州滋味"少先队争章		
初识滋味章	探寻文化章	故事讲堂章
揭秘时刻章	制作食光章	分享传播章
再识滋味章	研学汇报章	美味代言章

过程表现性评价注重学生学习过程的表现，特别是针对角色扮演、演说式、表演式、访谈式评价。语文、英语学科注重语言的学习和体悟，说和读的表达占了十分重要的比重，运用表现性评价可对学生对课文理解、表达能力、语气、表情、动作、性格等方面进行评价，诊断学生语言和知识的感悟、运用、迁移和创造。

二年级上第八单元童话课，以课本剧的任务推动表现性评价的开展，观察并评价学生表现出的技能。教师制定出评价量表，以判断学习者学习水平和作答质量（见表10-8所示）。

表10-8 "《狐假虎威》课本剧"表演评价表

评价内容	内容解读		表现等级
	老虎	狐狸	
语气	抓住并表现出了老虎从不信到信以为真的语气变化。	抓住并表现出了狐狸语气的变化。	☆
表情	表演出老虎一愣、被蒙住、半信半疑的神情。	表演出狐狸神气活现的样子。	☆
动作	在表演时做出了老虎东张西望等动作。	在表演时做出了狐狸眼珠子骨碌碌一转、大摇大摆等动作。	☆
性格	表现出老虎的霸道愚蠢。	表现出狐狸的狡猾。	☆

参与实践的评价注重成果作品的展示，适用于实践性较强的学科任务，如美术作品展览、音乐小舞台、劳动成果展、阅读手册展等。在科学"过山车"的项目化实践活动后，将学生的所有成果作品都进行展览，并在展览中通过专业教师评、同行伙伴评、热心家长评，从"快、高、长"三个维度评选过山车。

在小学劳动课制作眼罩的学习任务中，对学生的学习成果进行评价。

表10-9 "眼罩私人定制"评价表

评价内容	内容解读	表现等级
实用度	眼罩遮光性好，眼罩的内层选用了深色材料。	☆
	眼罩卫生度好，所选用的材料可以清洗。	☆
	眼罩牢固性好，所选用的材料牢固，可以多次利用。	☆
舒适度	眼罩内层选用了舒适的材料如丝、棉等。	☆
美观度	眼罩的色彩搭配佳、图案美观。	☆
功能度	眼罩还兼具其他功能，如热敷、冰敷、助眠、驱蚊等。	☆

四、个别交流式评价

在课堂中通过个别交流的方式收集信息，包括单独提问、课堂讨论、个别访谈等形式。该评价方式可以随时随地进行，其可操性强，适用于学科知识、学科态度、学科思维及关于语言技能的学科实践等维度的评价。

教师可以通过课堂问答、课堂访谈的方式，选择具有典型性或代表性的学生进行交流，或作为所有学生的成功标准，或作为大部分学生学习水平的呈现，帮助教师掌握学生的学习情况。在课堂操作时切忌"空洞""烦冗"，教师在口头评价时不要泛泛而谈，"好的""不错""真棒"简单粗略，应注重围绕评价的目标，进行有针对性、鼓励性、启发性的评价。

表 10-10　具有针对性、鼓励性、启发性的评价

修改前	修改后		
空洞的口头评价	针对性评价	鼓励性评价	启发性评价
读得不错。	老师发现你在朗读时，把语气的变化读出来了。	真是个朗读小能手！	要是你还能配上自己生动的表情，那就更好了！
写得真好。	你抓住了这个字的主笔。	整个字都立住了！	要是能再注意一下笔画的位置，一定能写得更好！

虽然个体交流操作简单，但是个性化较强，难以呈现所有学生的学习情况，适用于一些简单学习任务的解决。对于较为复杂、需要合作探究的学习任务，在评价时，可以采用小组交流的方式，引导同学之间合作讨论，通过多种维度进行互评互判。如在音乐课上，学唱一首新的歌曲，分析歌曲节奏的任务较为简单，只需要进行代表性的个体交流；但是尝试运用学过的识谱方法唱出来，则比较困难，可以通过小组合作的方式，从评价节奏、声音、音准、情感等多方面进行评价，进而互相发现问题，并加以指正。

不论何种课堂评价方式的选择，都要着眼于学生核心素养的发展进行定量乃至定性的评价，都要树立学习目标或者制定成功标准给学习者以动力，都需要通过设计一定的评价任务和评价工具，在一定量规的反馈下，及时促进教与学的调整和改进，让学习和成长在课堂中真实而又深刻地发生。

参考文献

[1]刘玉凤.师生共学,让语文课堂绽放精彩[J].江西教育,2020(09):35-36.

[2]徐金贵.共学:共生理念下的小学语文教学实施[J].教育视界,2021(32):4-9.

[3]黄黎明.学习共同体理念下的初中物理共学课堂学理分析[J].中学物理教学参考,2021,50(36):1-3.

[4]陈向华.共学课堂下初中数学智慧教学策略[J].数理天地(初中版),2022(21):59-61.

[5]顾雪丹,胡颂华.建构共学课堂高质量作业体系[J].江苏教育,2022(58):75-76+79.

后 记

　　在编写本书的过程中,编者借鉴和参考了国内外一些知名专家的著作和研究成果,引用了一些教师的案例和文章,在此向所有专家、教师致以衷心的感谢!受沟通渠道所限,我们未能与所有作者都取得联系。敬请相关作者与我们联系,电子邮箱: taolishuxi@126.com。

编　者